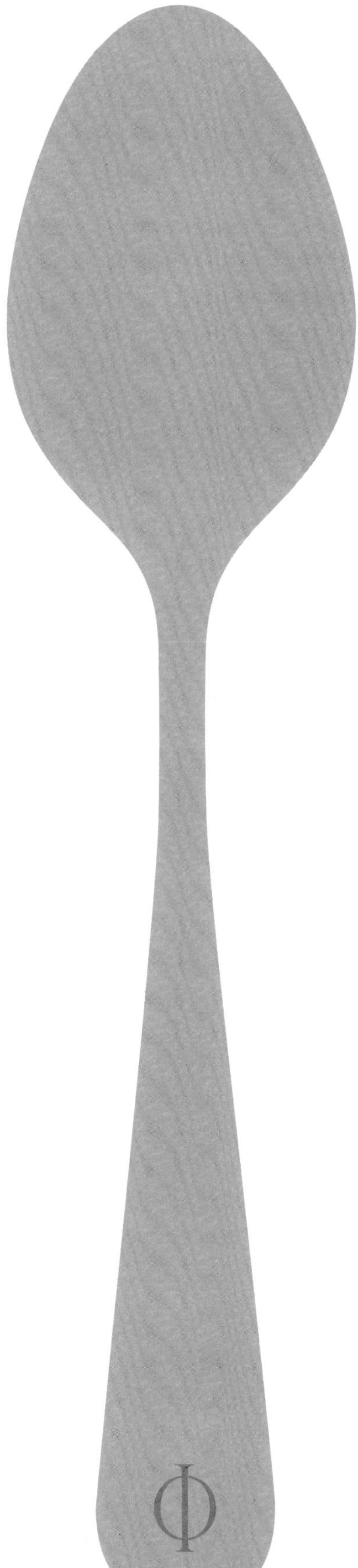

LA CUCHARA DE PLATA

Rápidas y Sencillas Recetas Italianas

Φ

Si hay algo que no ha cambiado en Italia con el paso del tiempo es su profundo amor y fascinación por la gastronomía. Las recetas han ido pasando de generación en generación y conforman los pilares de la vida familiar italiana, pero son mucho más que la suma de sus partes. A la vez que ofrecen prácticas combinaciones de ingredientes con los que elaborar platos sabrosos, saludables y de temporada, ensalzan un estilo de vida que otorga gran importancia al hecho de sentarse en torno a una mesa para compartir una comida.

El ritmo de la vida moderna hace que comer juntos se haya convertido en una necesidad, siendo estos encuentros los que permiten reforzar los lazos familiares y sociales. Con *Rápidas y sencillas. Recetas italianas* podrá preparar platos simples y deliciosos en un momento, y disfrutar de comidas magníficas y saludables. Tanto un ligero tentempié como la Bruschetta con tomate (véase pág. 20) como un reconfortante plato de Espaguetis a la carbonara (véase pág. 78), que apenas necesitan de preparación previa, cada una de las 100 recetas de este libro se puede preparar en menos de 30 minutos. ¿El resultado? Unas recetas insuperables al alcance de todos.

Descubra los sabores de Italia en su cocina con la adaptación de estas recetas clásicas que le trae *La cuchara de plata*, una colección de más de 2000 recetas recopiladas de restaurantes y familias de toda Italia, publicada por primera vez en Italia en 1950 y en español en 2007. Los italianos saben disfrutar de la vida y en lo que respecta al arte de rodearse de buena comida y de buena compañía, son unos maestros. *Buon appetito*!

Antipasti

Aperitivos

En italiano, *antipasti* significa «antes de la comida». Estos platos, un preámbulo delicioso a una comida o una cena, han sido relegados al olvido en muchas partes de Europa y América del Norte. Algo más que un tentempié, pero menos que un aperitivo convencional, estas pequeñas raciones se sirven tradicionalmente con una bebida amarga, como el vermú, o de acidez equilibrada, como el prosecco. Ambos sabores combinan de maravilla con el toque salado de platos como el carpaccio, lonchas crudas de ternera cortadas muy finas con virutas de parmesano esparcidas por encima (véase pág. 28), los crostini con higadillos de pollo (véase pág. 14) o la bruschetta con ajo y tomate (véase pág. 20). Si desea algo más sencillo, coloque unos corazones de alcachofa en conserva, salami y un trozo de pecorino salado en un plato de aire rústico y disfrute de un entrante tan tentador para la vista como para el estómago.

Stuzzichini di salvia

Bocaditos de salvia

Para 4 personas
Preparación 10 min + tiempo de reposo
Cocción 5 min

— 1 huevo
— 30 hojas de salvia fresca
— 25 g de pan blanco rallado fino
— aceite de oliva, para freír
— sal
— provolone suave en dados

Bata el huevo con una pizca de sal en un bol. Añada las hojas de salvia, asegurándose de que queden bien sumergidas y déjelas reposar 2 minutos. Sale el pan rallado, escurra bien las hojas y páselas por el pan.

Caliente abundante aceite en una sartén, eche las hojas de salvia por tandas y fríalas 30 segundos por cada lado, o hasta que se doren. Déjelas escurrir sobre papel de cocina y sírvalas con el provolone.

Caprese di mozzarella di bufala

Ensalada caprese con mozzarella de búfala

Para 4 personas
Preparación 10 min

— 300 g de mozzarella
— 3-4 tomates en rodajas
— hojas de albahaca
— aceite de oliva virgen extra, para rociar
— sal

Escurra la mozzarella y córtela en rodajas de 3 mm. Disponga las rodajas de mozzarella y de tomate de forma alterna en círculos concéntricos en una fuente grande. Esparza las hojas de albahaca, rocíe con aceite de oliva y sale. Reserve la ensalada en un lugar fresco hasta el momento de servir.

Crostini toscanos

Para 4-6 personas
Preparación 20 min
Cocción 20 min

— 2 cdas. de aceite de oliva
— 1 zanahoria picada
— ½ cebolla picada
— 1 rama de apio picada
— 6 higadillos de pollo limpios y troceados
— 100 ml de vino blanco seco
— 2 yemas de huevo
— el zumo de 1 limón colado
— 4-6 rebanadas de pan integral ligeramente tostado
— sal y pimienta
— 1 cda. de alcaparras enjuagadas y escurridas, para adornar (opcional)

En una sartén, caliente el aceite de oliva. Eche la zanahoria, la cebolla y el apio y rehóguelos a fuego lento de 5 a 10 minutos, removiendo de vez en cuando, hasta que se ablanden.

Añada los higadillos de pollo. Vierta el vino y salpimiente. Cuézalos a fuego medio de 6 a 8 minutos, removiendo con frecuencia, hasta que se doren.

Bata las yemas y el zumo de limón en un bol. Vierta la mezcla en la sartén y rehóguela a fuego lento 1 o 2 minutos hasta que espese ligeramente. Retírela del fuego, deje que se enfríe y bátala en un robot de cocina hasta obtener una pasta gruesa.

Unte la pasta sobre las rebanadas de pan tostado y adórnelas con las alcaparras, si utiliza. Sírvalas enseguida.

Crostini con pomodoro e acciuga

Crostini con tomate y anchoas

Para 4 personas
Preparación 10 min
Cocción 8-10 min

— 4 rebanadas de pan toscano u otro pan rústico
— 4 filetes de anchoa escurridos y cortados en tiras
— 2 tomates en rodajas
— 1 cebolleta picada
— 1 cda. de albahaca picada
— aceite de oliva virgen extra, para rociar
— sal

Precaliente el horno a 180 °C y el gratinador a fuego medio-alto. Tueste las rebanadas de pan en el gratinador 1 o 2 minutos por cada lado, o hasta que se doren.

Reparta la anchoa, las rodajas de tomate, la cebolla picada y la albahaca entre las rebanadas de pan. Rocíelas con aceite y sale. Ponga las tostadas en una bandeja, caliéntelas en el horno 4 o 5 minutos y sírvalas.

Crostini con salchicha

Para 4-6 personas
Preparación 10 min
Cocción 15 min

— 3 salchichas italianas sin piel
— 150 g de queso cremoso, como taleggio o robiola, picado
— 1 cda. de semillas de hinojo
— 4-6 rebanadas de pan rústico
— sal

Precaliente el horno a 180 °C. Desmenuce las salchichas en un bol y mézclelas con el queso y las semillas de hinojo. Sale al gusto y remueva bien. Extienda la mezcla sobre las rebanadas de pan, póngalas en una bandeja de horno y hornéelas 15 minutos, o hasta que estén crujientes y doradas. Colóquelas en un plato y sírvalas mientras estén calientes.

Bruschetta al pomodoro

Bruschetta con tomate

Para 4 personas
Preparación 15 min
Cocción 5 min

— 8 rebanadas de pan rústico
— 1 diente de ajo
— 6-8 tomates pera maduros en dados
— aceite de oliva virgen extra, para rociar
— sal y pimienta

Precaliente el gratinador y tueste las rebanadas de pan 1 o 2 minutos por cada lado, o hasta que se doren. Frótelas con ajo cuando estén calientes y vuelva a ponerlas en el gratinador unos instantes. Disponga el tomate sobre el pan, salpimiéntelo y rocíelo con aceite de oliva.

Panzanella

Para 4 personas
Preparación 15 min

- 4 tomates duros
- 8 rebanadas de pan rústico duro, sin la corteza
- 8 hojas de albahaca troceadas
- aceite de oliva virgen extra, para rociar
- sal y pimienta

Escalde los tomates en un bol refractario con agua hirviendo unos segundos. Pélelos y córtelos en cuñas.

Trocee el pan y déjelo en remojo en un bol con agua fría 1 o 2 minutos. Escúrralo y póngalo en una ensaladera. Salpimiente, esparza la albahaca y rocíe con abundante aceite de oliva.

Mezcle el pan con 2 tenedores para que se desmenuce y añada el tomate.

Indivia belga al granchio

Endibias con cangrejo

Para 4 personas
Preparación 15 min

— 2 o 3 endibias
— 250 ml de mayonesa (véase pág. 226) o comprada
— 250 g de carne de cangrejo fresca o en conserva, escurrida
— 2 cdas. de nata espesa
— 2 cdas. de ketchup
— ½ cdta. de salsa Worcestershire
— brandy, para rociar (opcional)
— sal y pimienta

Separe las endibias en hojas individuales y dispóngalas en una fuente de servir.

Mezcle la mayonesa con la carne de cangrejo en un bol, añada la nata, el ketchup y la salsa Worcestershire, y rocíe con el brandy, si utiliza. Remueva con suavidad.

Ponga 1 cucharada de la mezcla en la parte cóncava de cada hoja de endibia, sálelas al gusto y sírvalas.

Peperoni arrotolati

Rollitos de pimiento

Para 4 personas
Preparación 25 min
Cocción 10 min

— 4 pimientos grandes rojos o verdes
— 300 g de atún en aceite escurrido
— 10 aceitunas negras deshuesadas y picadas gruesas
— 1 tomate pelado, despepitado y picado grueso
— 1 guindilla roja fresca despepitada y picada gruesa
— 12 hojas de albahaca
— 3-4 cdas. de zumo de limón colado
— 1 cda. de aceite de oliva
— sal y pimienta

Ponga los pimientos en la bandeja del horno y áselos en el gratinador, precalentado, dándoles la vuelta con frecuencia, unos 10 minutos, o hasta que se chamusquen y ennegrezcan. Introdúzcalos en una bolsa de plástico, átela y déjelos enfriar.

Pele los pimientos, aclárelos bajo un chorro de agua fría y séquelos. Pártalos por la mitad, retíreles las semillas y córtelos en dos o tres tiras.

Triture el atún, las aceitunas, el tomate, la guindilla y la albahaca en un robot de cocina hasta obtener un puré. Vierta el zumo de limón para aligerar la mezcla, añada el aceite, sale y mezcle todo bien.

Unte cada pimiento con la salsa y enróllelos. Resérvelos en un lugar fresco antes de servir.

Carpaccio

Para 4 personas
Preparación 15 min

- 350 g de carne magra de ternera, como solomillo, en láminas finas
- 4 rábanos en rodajas finas (opcional)
- el zumo de 1 limón colado
- aceite de oliva virgen extra, para rociar
- 4-5 granos de pimienta blanca, machacados
- 100 g de grana padano en láminas
- sal

Extienda las láminas de carne en una fuente de servir, ligeramente solapadas, y coloque el rábano por encima, si utiliza.

En un bol, bata el zumo de limón, un chorrito de aceite, la pimienta blanca y una pizca de sal. Vierta el aliño sobre el carpaccio, esparza el queso y sírvalo.

Primi

Primeros platos

En Italia, la pasta se suele servir en raciones pequeñas, pero eso no quiere decir que no se pueda tomar para una cena rápida un día entre semana. Si desea preparar una comida italiana completa, recuerde que la idea de los *primi* es la de satisfacer el apetito después de los *antipasti*, pero sin llenarse. Estos platos maridan muy bien con un vino fresco y refrescante como el pinot grigio. Existen cientos de salsas y casi también de variedades de pasta diseñadas para adaptarse a cada menú; desde algo tan básico como los Tallarines al limón (véase pág. 64) o los Penne al vodka (véase pág. 76) hasta recetas para compartir con los amigos o la familia el fin de semana, como la Lasaña a la boloñesa, preparada con un ragú tradicional (véase pág. 80).

Pasta con salsa de tomate

Para 4 personas
Preparación 15 min
Cocción 15 min

— 6 tomates pera
— 4 cdas. de aceite de oliva
— 2 dientes de ajo picados
— 1 ramita de perejil
— 350 g de pasta corta o larga, como espaguetis, fettuccine o fusilli
— 10 hojas de albahaca troceadas
— sal

Escalde los tomates en un bol refractario con agua hirviendo unos segundos, pélelos, despepítelos y córtelos en dados. Póngalos en un cazo y añada el aceite de oliva, el ajo, el perejil y una pizca de sal. Sofríalos, sin tapar, 10 minutos a fuego medio. Si prefiere un sabor más intenso, espese la salsa a fuego vivo los 5 últimos minutos de cocción, asegurándose de que no se pegue al cazo.

Mientras, ponga a hervir una olla de agua con sal, cueza la pasta hasta que esté al dente y escúrrala.

Retire y deseche el perejil de la salsa. Añada la albahaca troceada, pruebe y rectifique de sal si fuera necesario. Vierta la salsa directamente sobre la pasta mientras esté caliente.

Fusilli alla pizza

Fusilli a la pizza

Para 4 personas
Preparación 20 min
Cocción 20 min

— mantequilla, para engrasar
— 4 tomates maduros picados
— 1 cda. de aceite de oliva, y un poco más para rociar
— 350 g de fusilli u otra pasta corta
— 1 pizca de orégano seco
— 1 cda. de albahaca picada
— 40 g de parmesano rallado
— 100 g de mozzarela en dados
— sal

Precaliente el horno a 180 °C y engrase una fuente refractaria con mantequilla.

En un robot de cocina o una batidora, triture los tomates hasta obtener un puré. Caliente el aceite en un cazo. Agregue el puré de tomate y cuézalo a fuego lento, removiendo de vez en cuando, 10 minutos o hasta que espese.

Mientras, ponga a hervir una olla de agua con sal y cueza la pasta hasta que esté al dente. Escúrrala y devuélvala a la olla. A continuación, añada el orégano y la albahaca a la salsa de tomate y viértala sobre la pasta. Esparza el parmesano y remueva.

Pase la mezcla a la fuente preparada, coloque encima los dados de mozzarella y rocíe con aceite. Hornee todo 10 minutos, o hasta que la mozzarella se empiece a fundir. Sirva la pasta enseguida, directamente de la fuente.

Penne all'arrabbiata

Penne a la arrabbiata

Para 4 personas
Preparación 10 min
Cocción 20 min

— 5 cdas. de aceite de oliva
— 2 dientes de ajo
— 1-2 guindillas rojas frescas, al gusto, despepitadas y picadas
— 400 g de tomate troceado o picado en conserva, escurrido
— 350 g de penne
— 1 cda. de perejil picado
— sal

Caliente el aceite en una sartén, añada el ajo y la guindilla y fríalos 5 minutos, o hasta que el ajo se dore. Retire el ajo de la sartén, agregue el tomate, sale y fríalo unos 15 minutos.

Mientras, ponga a hervir una olla de agua con sal y cueza la pasta hasta que esté al dente. Escúrrala y échela en la sartén. Mézclelo todo bien a fuego vivo unos minutos, páselo a una fuente caliente y esparza el perejil.

Conchiglie con mozzarella

Para 4 personas
Preparación 10 min
Cocción 10 min

— 5 tomates pera pelados, en dados
— 200 g de mozzarella en dados
— 10 hojas de albahaca troceadas
— 1 cda. de alcaparras escurridas y lavadas
— 150 ml de aceite de oliva virgen extra
— 350 g de conchiglie
— sal y pimienta

Coloque el tomate, la mozzarella, la albahaca, las alcaparras y el aceite en una fuente de servir.

Ponga a hervir una olla de agua con sal y cueza la pasta hasta que esté al dente. Escúrrala y añádala inmediatamente a la fuente para que la mozzarella se funda ligeramente. Salpimiente, remueva bien y sírvala.

Pappardelle con coliflor y gorgonzola

Para 4 personas
Preparación 10 min
Cocción 25 min

— 200 g de ramitos de coliflor
— 20 g de mantequilla
— 150 g de gorgonzola en dados
— 3-4 cdas. de leche (opcional)
— 3 cdas. de aceite de oliva
— 1 diente de ajo
— 1 cda. de tomillo picado
— 275 g de pappardelle frescos
— 25 g de parmesano rallado
— sal y pimienta

Ponga a hervir una cazuela de agua con sal, cueza la coliflor unos 5 minutos y retírela con una espumadera, reservando el líquido de cocción.

Funda la mantequilla con el gorgonzola en un cazo a fuego lento, removiendo constantemente y añadiendo un poco de leche si fuera necesario. No deje que llegue a hervir. Retire el cazo del fuego.

Caliente el aceite en una sartén. Añada el ajo y rehóguelo a fuego lento unos minutos, removiendo con frecuencia, hasta que se dore. Retire el ajo y deséchelo. Agregue la coliflor a la sartén y rehóguela 5 minutos, removiendo de vez en cuando. Esparza el tomillo por encima y salpimiente.

Cueza los papardelle en el líquido de cocción reservado, añadiendo más agua si fuera necesario, durante 2 o 3 minutos, o hasta que estén al dente. Escúrralos y échelos en la sartén con la coliflor. Incorpore la mezcla de gorgonzola, retírelos del fuego y sírvalos con el parmesano rallado.

Orecchiette con brócoli

Para 4 personas
Preparación 15 min
Cocción 15 min

— 600 g de ramitos de brócoli
— 2 cdas. de aceite de oliva
— 1 diente de ajo picado
— 1 guindilla fresca despepitada y picada
— 300 g de orecchiette
— sal
— parmesano o pecorino recién rallados, para servir

Ponga a hervir una cazuela de agua con sal, cueza el brócoli 2 o 3 minutos y escúrralo. Caliente el aceite en otra cazuela, añada el ajo y la guindilla y fríalos 2 o 3 minutos. Eche el brócoli y fríalo a fuego lento 1 o 2 minutos, hasta que se caliente.

Mientras, ponga a hervir una olla de agua con sal y cueza la pasta hasta que esté al dente. Escúrrala y mézclela con el brócoli. Sirva los orecchiette con el parmesano o el pecorino.

Linguine primaverili

Linguine de primavera

Para 4 personas
Preparación 10 min
Cocción 15 min

— 50 g de mantequilla
— 2 cdas. de aceite de oliva
— 2 cebolletas picadas
— 400 g de guisantes frescos o congelados
— 400 g de espárragos limpios, cortados en diagonal
— 350 g de linguine
— 50 g de parmesano rallado
— sal y pimienta

Funda la mitad de la mantequilla con el aceite en una sartén. Añada la cebolleta y rehóguela a fuego lento de 3 a 5 minutos, o hasta que esté blanda y translúcida. Agregue los guisantes y los espárragos, salpimiente, vierta 150 ml de agua caliente y cuézalos 5 minutos.

Mientras, ponga a hervir una olla de agua con sal y cueza la pasta hasta que esté al dente. Escúrrala, pásela a la sartén con las verduras y remueva. Incorpore el resto de la mantequilla y el parmesano, y sírvala enseguida.

Conchiglie con espinacas

Para 4 personas
Preparación 10 min
Cocción 15 min

— 50 g de mantequilla
— 1 chalota picada
— 400 g de espinacas picadas
— 350 g de conchiglie
— 1 huevo o 4 cdas. de nata líquida
— 100 g de ricota
— sal y pimienta

Funda la mantequilla en una cazuela. Añada la chalota y rehóguela a fuego lento 5 minutos, removiendo de vez en cuando. Agregue las espinacas, remueva bien, sale, tape y rehóguelas unos minutos hasta que reduzcan su volumen. Retírelas del fuego antes de que se sequen.

Mientras, ponga a hervir una olla de agua con sal y cueza la pasta hasta que esté al dente.

Ponga el huevo (o la nata, si utiliza) y la ricota en una fuente, sazone con abundante sal y pimienta y bata hasta obtener una mezcla fina y homogénea.

Escurra la pasta y añádala a la mezcla de ricota. Eche las espinacas, remueva ligeramente y sírvala de inmediato.

Linguine al pesto genovés

Para 4 personas
Preparación 15 min
Cocción 10 min

— 350 g de linguine
— 2 patatas cortadas en bastoncillos
— 50 g de judías verdes

Para el pesto
— 25 hojas de albahaca
— 2 dientes de ajo picados
— 5 cdas. de aceite de oliva virgen extra
— 25 g de pecorino recién rallado
— 25 g de parmesano recién rallado
— sal

Para preparar el pesto, ponga la albahaca, el ajo, el aceite y una pizca de sal en un robot de cocina y tritúrelo todo brevemente a velocidad media. Añada el queso pecorino y el parmesano y vuelva a triturarlo todo hasta que se mezcle bien.

Cueza los linguine, las patatas y las judías juntos en una olla con agua hirviendo con sal hasta que queden al dente y, a continuación, escúrralos. Mézclelos con el pesto y sírvalos.

Tortiglioni con setas y berenjenas

Para 4 personas
Preparación 10 min
Cocción 20 min

— 2 cdas. de aceite de oliva
— 1 cebolla en rodajas finas
— 1 diente de ajo
— 200 g de setas picadas
— 1 berenjena en dados de 1 cm
— 100 ml de nata espesa
— 350 g de tortiglioni o penne
— 40 g de parmesano rallado
— sal y pimienta

Ponga a hervir una olla de agua con sal. Caliente el aceite en una sartén, eche la cebolla y el ajo y rehóguelos 5 minutos a fuego lento, hasta que se ablanden. Retire y deseche el ajo, añada las setas y la berenjena y sofríalas a fuego medio 5 minutos, removiendo con frecuencia, hasta que se doren. Incorpore la nata, salpimiente, tape la sartén y cueza todo a fuego lento 10 minutos.

Mientras, cueza la pasta en la olla hasta que esté al dente, escúrrala, añádala a la sartén con la salsa y déjela 1 minuto. Pase los tortiglioni a una fuente caliente y esparza el parmesano.

Rigatoni con crema di ceci

Rigatoni con salsa de garbanzos

Para 4 personas
Preparación 15 min
Cocción 15 min

— 250 g de garbanzos cocidos y escurridos
— 4 cdas. de aceite de oliva
— 1 diente de ajo
— 1 ramita de romero picado fino, y un poco más para adornar (opcional)
— 350 g de rigatoni
— sal y pimienta
— 1 ramita de perejil picado fino, para adornar (opcional)
— parmesano recién rallado, para servir (opcional)

Ponga la mitad de los garbanzos y 1 cucharada del aceite en un robot de cocina o una batidora y tritúrelos hasta obtener un puré.

Caliente el aceite restante en una cazuela. Eche el ajo y rehóguelo a fuego lento unos minutos, removiendo con frecuencia, hasta que se dore. Retire el ajo y deséchelo. Agregue el puré y los garbanzos restantes a la cazuela, esparza el romero y sazone con abundante sal y pimienta. Cueza la mezcla a fuego lento, removiendo con frecuencia, 10 minutos.

Mientras, ponga a hervir una olla de agua con sal y cueza la pasta hasta que esté al dente. Escúrrala y reserve 60 ml del líquido de cocción. Pase la pasta a una fuente caliente. Aligere la salsa de garbanzos con el líquido de cocción reservado, si fuera necesario, y viértala sobre la pasta. Adorne los rigatoni con las ramitas de romero o perejil y el parmesano, si utiliza, y sírvalos enseguida.

Taglierini allo scalogno

Taglierini con chalotas

Para 4 personas
Preparación 10 min
Cocción 25-30 min

— 50 g de mantequilla
— 2 chalotas en rodajas finas
— 275 g de taglierini frescos o tallarines
— 50 g de gruyer rallado
— 30 g de parmesano rallado
— sal

Funda la mantequilla en una sartén. Agregue las chalotas y rehóguelas a fuego lento, removiendo de vez en cuando, de 25 a 30 minutos, o hasta que se doren.

Mientras, ponga a hervir una olla de agua con sal y cueza la pasta 2 o 3 minutos, hasta que esté al dente. Escúrrala y añádala inmediatamente a la sartén caliente. Remueva, pase los taglierini a una fuente caliente, esparza el queso gruyer y el parmesano, y sírvalos a continuación.

Penne alle olive nere

Penne con aceitunas negras

Para 4 personas
Preparación 15 min
Cocción 15 min

— 150 g de aceitunas negras sin hueso cortadas en láminas
— 175 ml de nata espesa
— 350 g de penne
— 25 g de parmesano rallado
— sal

Ponga las aceitunas y la nata en una cazuela y cuézalas a fuego lento unos 15 minutos.

Mientras, ponga a hervir una olla de agua con sal, cueza la pasta hasta que esté al dente y escúrrala. Añádala con el parmesano a la salsa de aceitunas, remueva bien y sírvala.

Fettuccine con salsa de nueces

Para 4 personas
Preparación 20 min + tiempo de reposo
Cocción 10 min

— 250 g de nueces picadas
— 4 cdas. de aceite de oliva
— 2 cdas. de nata espesa
— 350 g de fettuccine
— sal y pimienta blanca

Coloque las nueces en un bol refractario y cúbralas con agua hirviendo. Déjelas reposar 3 minutos y escúrralas. Cuando estén frías y pueda manipularlas, frótelas para pelarlas. Lávelas con agua fría para retirarles la piel.

Seque las nueces con papel de cocina, introdúzcalas en un robot de cocina y píquelas gruesas. Páselas a un bol y vierta el aceite y la nata. Salpimiente y remueva hasta obtener una consistencia uniforme.

Mientras, ponga a hervir una olla de agua con sal y cueza la pasta hasta que esté al dente. Escúrrala y añádala a la salsa de nueces.

Conchiglie con gorgonzola y pistachos

Para 4 personas
Preparación 15 min + tiempo de reposo
Cocción 15 min

— 50 g de pistachos
— 100 g de gorgonzola fuerte, en dados
— 175 ml de nata espesa
— 300 g de conchiglie
— 40 g de parmesano rallado
— sal

Coloque los pistachos en un bol refractario y cúbralos con agua hirviendo. Déjelos reposar 3 minutos y escúrralos. Cuando estén fríos y pueda manipularlos, frótelos para pelarlos. Píquelos y resérvelos.

Ponga el gorgonzola y la nata en un cazo y caliéntelos unos 10 minutos, removiendo constantemente, hasta que el queso se derrita y la salsa quede completamente homogénea. Retire el cazo del fuego.

Mientras, ponga a hervir una olla de agua con sal y cueza la pasta hasta que esté al dente. Escúrrala, pásela a una fuente caliente y eche la salsa de gorgonzola, los pistachos picados y el parmesano. Sirva los conchiglie a continuación.

Maccheroni gratinati

Macarrones gratinados

Para 4 personas
Preparación 10 min
Cocción 25-30 min

- 20 g de mantequilla, y un poco más para engrasar
- 1 ración de bechamel (véase pág. 226) o comprada
- 50 g de parmesano recién rallado
- 2 yemas de huevo
- 350 g de macarrones
- sal

Precaliente el horno a 220 °C. Engrase una fuente refractaria con mantequilla.

Mezcle la bechamel, el parmesano, la mantequilla y las yemas en un bol.

Ponga a hervir una olla de agua con sal y cueza la pasta hasta que esté al dente, escúrrala y pásela a un bol. Coloque la mitad de la mezcla de bechamel y la pasta en la fuente preparada. Nape los macarrones con el resto de la mezcla de bechamel. Hornéelos de 15 a 20 minutos, hasta que se doren.

Tallarines al limón

Para 4 personas
Preparación 10 min
Cocción 15 min

— 3 limones (sin cera)
— 50 g de mantequilla
— 4 cdas. de nata líquida
— 275 g de tallarines frescos
— sal
— parmesano rallado fino, para servir

Ralle la piel de 2 limones. Pele el limón restante, retire el albedo y córtelo en tiras finas.

Funda la mantequilla en una sartén. Cuando espume, añada la ralladura de limón y cuézala, removiendo de vez en cuando, unos minutos. Incorpore la nata y sale. No deje que llegue a hervir.

Mientras, ponga a hervir una olla de agua con sal y cueza la pasta 2 o 3 minutos, hasta que esté al dente. Escúrrala, pásela a la sartén con la salsa y remueva con cuidado. Pase los tallarines a una fuente, esparza abundante parmesano y adórnelos con las tiras de piel de limón.

Spaghetti aglio, olio e peperoncino

Espaguetis con aceite de ajo y guindilla

Para 4 personas
Preparación 10 min
Cocción 10 min

— 350 g de espaguetis
— 5 cdas. de aceite de oliva
— 2 dientes de ajo en láminas finas
— 1 guindilla fresca despepitada y picada
— 1 ramita de perejil picado
— sal

Cueza los espaguetis en una olla de agua hirviendo con sal hasta que estén al dente, escúrralos y reserve 120 ml del líquido de cocción.

Mientras, caliente el aceite en un cazo, añada el ajo y la guindilla y rehóguelos a fuego lento 5 minutos, o hasta que el ajo esté tierno y dorado. Sale ligeramente, retire el cazo del fuego y eche el perejil.

Mezcle los espaguetis con el aceite de ajo y guindilla, añada un poco del líquido de cocción reservado para evitar que queden secos, si fuera necesario, y sírvalos.

Spaghettini alle vongole

Spaghettini con almejas

Para 4 personas
Preparación 10 min
Cocción 20 min

— 1 kg de almejas pequeñas limpias
— 200 ml de aceite de oliva
— 2 dientes de ajo pelados
— 2 cdas. de perejil picado
— 320 g de spaghettini
— sal y pimienta

Deseche las almejas con las valvas rotas o las que no se cierren de inmediato al golpearlas.

Caliente el aceite y los dientes de ajo en una olla. Cuando el ajo se empiece a dorar, retírelo y deséchelo. Eche las almejas, tape la olla y cuézalas, moviendo la olla de vez en cuando, 3 o 4 minutos, hasta que las almejas se abran.

Retire la olla del fuego. Saque las almejas con una espumadera y páselas a un plato. Deseche las que se hayan quedado cerradas. Extraiga las almejas de las valvas. Vierta en la olla el jugo que se haya quedado en el plato, añada las almejas y el perejil y salpimiente.

Ponga a hervir otra olla de agua con sal y cueza la pasta hasta que esté al dente. Escúrrala, añádala a la olla con las almejas, remuévala a fuego vivo y sírvala.

Nota: Una variante de esta salsa de almejas consiste en añadir tomate picado.

Tagliatelle al salmone

Tallarines con salmón

Para 4 personas
Preparación 5 min
Cocción 15 min

— 50 g de mantequilla
— 100 g de salmón ahumado picado
— el zumo de ½ limón colado
— 100 ml de nata espesa
— 275 g de tallarines
— sal y pimienta

Funda la mantequilla en una sartén, añada el salmón, remueva y rocíe con el zumo de limón. Fríalo unos minutos, añada la nata y salpimiente al gusto. Cuézalo 5 minutos a fuego lento.

Ponga a hervir una olla de agua con sal, cueza la pasta hasta que esté al dente y escúrrala. Añádala a la sartén con la salsa y prosiga con la cocción unos minutos más. Remueva con cuidado y sirva los tallarines a continuación.

Fettuccine al pollo e mandorle

Fettuccine con pollo y almendras

Para 4 personas
Preparación 20 min
Cocción 25 min

— 25 g de mantequilla
— 1 chalota picada
— 150 g de pechugas de pollo deshuesadas, sin piel y picadas
— 100 ml de vino blanco seco
— 40 g de almendras picadas
— 200 ml de nata espesa
— 275 g de fettuccine
— 25 g de parmesano rallado
— sal y pimienta

Funda la mantequilla en una sartén. Añada la chalota y rehóguela a fuego lento 5 minutos, removiendo de vez en cuando. Agregue el pollo, remueva bien y rehóguelo 5 minutos. Vierta el vino, prosiga con la cocción 2 minutos y eche las almendras y la nata. Cuézalo todo a fuego lento, removiendo de vez en cuando, unos 10 minutos y salpimiente.

Mientras, ponga a hervir una olla de agua con sal y cueza la pasta hasta que esté al dente. Escúrrala y pásela a una fuente caliente. Vierta la salsa de pollo por encima y esparza el parmesano. Sirva los fettuccine enseguida.

Linguine broccoletti e pancetta

Linguine con brócoli y panceta

Para 4 personas
Preparación 15 min
Cocción 25 min

— 2 cdas. de aceite de oliva
— 120 g de panceta en dados o beicon cortado grueso
— 1 diente de ajo picado fino
— 600 g de ramitos de brócoli
— 1 cda. de concentrado de tomate
— 150 ml de caldo de verduras
— 350 g de linguine
— 40 g de parmesano rallado
— sal

Caliente el aceite en una sartén. Añada la panceta y sofríala a fuego medio-bajo, removiendo de vez en cuando, 4 o 5 minutos. Agregue el ajo y la mitad del brócoli y sofríalos, removiendo de vez en cuando, 5 minutos. Incorpore la pasta de tomate y el caldo, baje el fuego y deje que cueza 10 minutos, hasta que el brócoli esté tierno pero consistente.

Mientras, ponga a hervir una olla de agua con sal y cueza el resto del brócoli junto con la pasta hasta que esté al dente. Escúrralos, añádalos a la sartén con la salsa y remuévalos unos minutos. Pase los linguine a una fuente, espolvoree el parmesano y sírvalos de inmediato.

Penne rigate alla vodka

Penne al vodka

Para 4 personas
Preparación 5 min
Cocción 20 min

— 50 g de mantequilla
— 50 g de jamón cocido en rodajas
— 2 cdas. de concentrado de tomate
— 1 cda. de perejil picado
— 5 cdas. de nata espesa
— 3 cdas. de vodka
— 350 g de penne
— sal y pimienta

Funda la mantequilla en un cazo a fuego medio-bajo, añada el jamón, el concentrado de tomate y el perejil, salpimiente y cueza, removiendo de vez en cuando, durante unos 10 minutos. Incorpore la nata y el vodka, y cueza hasta que el alcohol se evapore.

Mientras, ponga a hervir una olla de agua con sal y cueza la pasta hasta que esté al dente. Escúrrala y pásela a una fuente caliente. Vierta la salsa por encima de los penne.

Spaghetti alla carbonara

Espaguetis a la carbonara

Para 4 personas
Preparación 15 min
Cocción 20 min

— 25 g de mantequilla
— 100 g de panceta o beicon, en dados
— 1 diente de ajo
— 350 g de espaguetis
— 2 huevos batidos
— 40 g de parmesano rallado
— 40 g de pecorino rallado
— sal y pimienta

Funda la mantequilla en un cazo, añada la panceta y el ajo, y fríalos 5 minutos, o hasta que el ajo se dore. Retire y deseche el ajo. Continúe friendo la panceta otros 5 minutos.

Mientras, ponga a hervir una olla de agua con sal y cueza la pasta hasta que esté al dente. Escúrrala y añádala a la panceta.

Retire el cazo del fuego, incorpore los huevos batidos, la mitad del parmesano y del pecorino, y sazone con pimienta. Mézclelo todo bien para que el huevo cubra la pasta. Añada el queso restante, remueva de nuevo y sirva los espaguetis a continuación.

Lasagne alla bolognese

Lasaña a la boloñesa

Para 4 personas
Preparación 15 min
Cocción 30 min

— 25 g de mantequilla, y un poco más para engrasar
— 8-12 láminas de lasaña
— 1 ración de ragú (véase pág. 227)
— 1 ración de bechamel (véase pág. 226) o comprada
— 65 g de parmesano recién rallado

Precaliente el horno a 200 °C. Engrase una fuente refractaria honda con mantequilla. Disponga una capa de láminas de lasaña de modo que cubra el fondo de la fuente. Vierta encima un tercio del ragú y después una cuarta parte de la bechamel, cubriendo el ragú. Esparza una cuarta parte del parmesano y un tercio de la mantequilla en dados.

Continúe formando capas hasta terminar todos los ingredientes, acabando con una de bechamel y parmesano. Hornee la lasaña 30 minutos.

Risotto con punte di asparagi

Risotto de espárragos

Para 4-6 personas
Preparación 10 min
Cocción 30 min

— 1,5 litros de caldo de verduras
— 65 g de mantequilla
— 3 cdas. de aceite de oliva
— 500 g de espárragos limpios, con las puntas reservadas y los tallos picados
— ½ cebolla picada
— 350 g de arroz para risotto
— parmesano recién rallado, para servir

Lleve el caldo a ebullición en una olla y ajuste el fuego para mantenerlo hirviendo.

Ponga 3 cucharadas de la mantequilla y el aceite en otra olla, añada las puntas de los espárragos y la cebolla, y rehóguelos a fuego lento, removiendo de vez en cuando, durante 5 minutos, hasta que se ablanden. Retire los espárragos y resérvelos.

Eche el arroz en la olla con la mantequilla, el aceite y la cebolla, y dórelo, removiendo, 1 o 2 minutos, hasta que los granos se impregnen de grasa. Agregue los tallos de los espárragos. Suba el fuego, añada un cucharón de caldo caliente y cuézalo, removiendo, hasta que se absorba. Siga añadiendo el caldo, cucharón a cucharón, sin dejar de remover. No añada más caldo hasta que no se absorba; esto le llevará de 15 a 20 minutos. Cuando haya añadido la mitad del caldo, eche las puntas de los espárragos. Una vez cocido el arroz, incorpore la mantequilla restante y los tallos de los espárragos. Sírvalo con el parmesano.

Risotto de setas

Para 4-6 personas
Preparación 10 min
Cocción 30 min

— 1 litro de caldo de verduras
— 80 g de mantequilla
— 1 cda. de aceite de oliva
— 1 cebolla picada fina
— 320 g de arroz para risotto
— 400 g de setas variadas como champiñones o setas de ostra, en rodajas finas
— sal y pimienta

Lleve el caldo a ebullición en una olla y ajuste el fuego para mantenerlo hirviendo.

Funda 2 cucharadas de la mantequilla y 1 de aceite en una cazuela, añada la cebolla y rehóguela a fuego lento, removiendo de vez en cuando, 5 minutos hasta que se ablande. Agregue el arroz y dórelo, removiendo, 1 o 2 minutos, hasta que los granos se impregnen de grasa. Suba el fuego, añada un cucharón de caldo caliente y cuézalo, removiendo, hasta que se absorba. Siga añadiendo el caldo, cucharón a cucharón, sin dejar de remover, hasta que se absorba. No añada más caldo hasta que no se absorba; esto le llevará de 15 a 20 minutos.

Mientras, funda 2 cucharadas de la mantequilla en una sartén, eche las setas, salpimiente, tape la sartén y rehóguelas a fuego lento.

Cuando haya añadido todo el caldo, agregue las setas y su jugo de cocción. Retire la cazuela del fuego, incorpore la mantequilla restante, sazone al gusto y páselo a una fuente caliente. Sírvalo enseguida.

Risotto a la milanese

Para 4-6 personas
Preparación 10 min
Cocción 30 min + tiempo de reposo

— 1,5 litros de caldo de carne
— 80 g de mantequilla
— 20 g de tuétano de ternera picado (opcional)
— 1 cebolla pequeña picada
— 350 g de arroz para risotto
— 120 ml de vino blanco (opcional)
— ½ cdta. de hebras de azafrán
— 80 g de parmesano recién rallado
— sal y pimienta

Lleve el caldo a ebullición en una olla y ajuste el fuego para mantenerlo hirviendo.

Caliente 4 cucharadas de la mantequilla y el tuétano, si utiliza, en un cazo. Rehogue la cebolla a fuego lento, removiéndola de vez en cuando, 5 minutos hasta que esté tierna. Dore el arroz, removiendo, 1 o 2 minutos, hasta que se impregne de grasa. Suba el fuego. Vierta el vino, si utiliza, y prosiga con la cocción, removiendo, hasta que se evapore. Añada un cucharón del caldo caliente y cuézalo, removiendo, hasta que se absorba. Siga añadiendo el caldo, cucharón a cucharón, sin dejar de remover, hasta que se absorba. No añada más caldo hasta que no se absorba; esto le llevará de 15 a 20 minutos.

Mientras, hierva un poco de agua. Ponga el azafrán en un bol y añada 2 cucharadas de agua hirviendo. Déjelo reposar 10 minutos.

Antes de añadir el último cucharón de caldo, eche el líquido con el azafrán. Una vez cocido el arroz, sazone. Retire el cazo del fuego y añada el resto de la mantequilla y el parmesano. Tape el risotto, déjelo reposar 5 minutos y sírvalo.

Riso in insalata estivo

Ensalada veraniega de arroz

Para 4 personas
Preparación 10 min
Cocción 20 min

— 300 g de arroz
— 250 g de atún en aceite, escurrido y troceado
— 200 g de gruyer en dados
— 4 tomates despepitados y en dados
— 2 cdas. de alcaparras escurridas y lavadas
— 3 cdas. de aceite de oliva virgen extra
— el zumo de 1 limón colado
— 8 cebollas perla encurtidas
— 8 corazones de alcachofas mini o en aceite, cortados en cuartos y escurridos
— sal y pimienta

Cueza el arroz en abundante agua hirviendo con sal hasta que esté tierno; escúrralo, lávelo bajo un chorro de agua fría y vuelva a escurrirlo.

Mientras, ponga el atún, el queso, el tomate y las alcaparras en una ensaladera. Añada el arroz y remueva bien para que los sabores se entremezclen.

Bata el aceite de oliva y el zumo de limón en un bol, vierta el aliño sobre la ensalada y remueva bien. Añada las cebollas, las alcachofas y sazone con sal y pimienta al gusto. Reserve la ensalada en un lugar fresco, pero fuera del frigorífico, hasta el momento de servir.

Zuppa di crescione

Sopa de berros

Para 4 personas
Preparación 15 min
Cocción 30 min

— 25 g de mantequilla
— 2 puerros, solo la parte blanca, en rodajas finas
— 3 patatas en dados
— 1 litro de caldo de verduras
— 250 g de berros picados u hojas tiernas de espinacas
— 1 pizca de nuez moscada recién rallada
— 150 ml de nata espesa
— sal y pimienta
— tostones con mantequilla, para servir

Funda la mantequilla en un cazo, añada los puerros y rehóguelos a fuego lento, removiendo de vez en cuando, durante 5 minutos hasta que se ablanden. Agregue las patatas, vierta el caldo y cueza todo a fuego lento 10 minutos. Eche los berros y la nuez moscada, salpimiente, y prosiga con la cocción otros 10 minutos.

Triture la mezcla en un robot de cocina, por tandas si fuera necesario, hasta que esté fina. Viértala en el cazo, incorpore la nata y vuelva a calentarla ligeramente. Sirva la sopa con los tostones.

Crema di carote

Crema de zanahoria

Para 6 personas
Preparación 30 min
Cocción 30 min

— 800 g de zanahorias picadas
— 1 diente de ajo
— 500 ml de leche
— 400 ml de caldo de carne
— 40 g de fontina rallado
— 1 pizca de nuez moscada recién rallada
— sal y pimienta

Ponga las zanahorias y el ajo en una cazuela de hierro fundido, vierta agua suficiente para cubrirlas y añada una pizca de sal. Llévelas a ebullición a fuego medio y cuézalas unos 15 minutos, o hasta que la mayor parte del líquido se haya absorbido.

Triture la mezcla en un robot de cocina, por tandas si fuera necesario, hasta obtener un puré. Vierta el puré en la cazuela. Incorpore la leche y el caldo y remueva bien. Cueza todo 10 minutos, o hasta que espese. Mientras, precaliente el gratinador.

Sale al gusto, esparza el queso, la nuez moscada y una pizca de pimienta. Ponga la cazuela en el grill para que se derrita el queso y sirva la crema enseguida.

Pappa col pomodoro

Sopa de pan con tomate

Para 4 personas
Preparación 5 min
Cocción 30 min

— 1 cda. de aceite de oliva
— 1 diente de ajo picado
— 2 ramas de apio en rodajas finas
— 400 g de tomate picado en conserva
— 4 rebanadas de pan rústico del día anterior, en dados
— 6 hojas de albahaca picadas
— 25 g de parmesano recién rallado
— sal y pimienta

Ponga el aceite, el ajo y el apio en un cazo, salpimiente bien y fríalos de 3 a 5 minutos, hasta que el apio esté tierno y translúcido.

Añada los tomates y 400 ml de agua templada. Baje el fuego y cueza todo 25 minutos.

Coloque una rebanada de pan en el fondo de cada bol y vierta la sopa encima. Esparza el parmesano y la albahaca, y sírvala.

Crema di lattuga e menta

Sopa de lechuga y menta

Para 4 personas
Preparación 10 min
Cocción 20 min

— 25 g de mantequilla
— 1 cebolla en aros finos
— 1 lechuga cortada en juliana
— 1 litro de caldo de verduras
— 15 hojas de menta
— 2 cdas. de nata espesa
— sal y pimienta
— tostones, para servir

Funda la mantequilla en una cazuela de hierro fundido. Añada la cebolla y rehóguela a fuego lento 5 minutos, removiendo de vez en cuando, hasta que esté tierna y translúcida. Agregue la lechuga, rehóguela 3 o 4 minutos, vierta el caldo y salpimiente.

Suba el fuego a temperatura media, lleve el caldo a ebullición, reduzca el fuego y deje que cueza 5 minutos. Eche las hojas de menta y retire la cazuela del fuego.

Triture la mezcla en un robot de cocina hasta que quede fina, por tandas si fuera necesario. Vierta la mezcla de nuevo en la cazuela, añada la nata y vuelva a calentarla sin dejar que llegue a hervir. Reparta la sopa entre 4 platos hondos templados y sírvala con los tostones.

Secondi

Segundos platos

Los *secondi* acaparan toda la atención. Incluso hoy en día, en una Italia menos próspera, el arte de agasajar a sus invitados sigue siendo esencial, y la carne, el pescado o los huevos son de obligada presencia en la mesa. Como anfitrión, le permite hacer alarde de su creatividad; como invitado, comprobar que no se ha dejado ningún detalle al azar. En este libro, los Huevos a la cazuela con puerros (véase pág. 108) constituyen un perfecto almuerzo para el fin de semana, o una cena ligera. Pero en sus variantes más sofisticadas, los *secondi* incluyen combinaciones suntuosas, como las Gambas con almendras y pan rallado (véase pág. 124) o el Hígado al estilo del Véneto (véase pág. 146), acompañado de una copa de exquisito barolo. Todas estas recetas hablan de mesas abundantes y de platos elaborados con cariño.

Frittata al prosciutto cotto e salvia

Frittata de jamón a la salvia

Para 2 personas
Preparación 10 min
Cocción 15 min

— 6 huevos
— 120 g de jamón cocido en dados
— 6 hojas de salvia u otras hierbas, como perejil o cebollino, picadas
— 1 cda. de parmesano recién rallado
— 2 cdas. de nata espesa
— 25 g de mantequilla
— sal y pimienta

Precaliente el horno a 180 °C. Bata los huevos en un bol, añada el jamón, la salvia, el parmesano y la nata y salpimiente.

Funda la mantequilla en una sartén refractaria de 20 cm de diámetro a fuego medio. Cuando espume, vierta la mezcla y fríala 4 o 5 minutos hasta que cuaje la parte inferior de la frittata. Introduzca la sartén en el horno y hornéela otros 10 minutos, hasta que la frittata esté bien hecha y dorada. Dele la vuelta en un plato y sírvala caliente o fría.

Frittata de calabacín

Para 2 personas
Preparación 10 min
Cocción 20 min

— 2 cdas. de aceite de oliva
— 25 g de mantequilla
— 300 g calabacín en rodajas finas
— 6 huevos
— sal y pimienta

Caliente el aceite y la mitad de la mantequilla en una sartén antiadherente de 20 cm de diámetro, eche el calabacín, salpimiente y fría, removiendo de vez en cuando, 10 minutos.

Mientras, bata los huevos ligeramente con una pizca de sal. Agréguelos a la sartén y fría la frittata 5 minutos por cada lado, o hasta que cuaje y esté ligeramente dorada. Sírvala caliente o fría.

Frittata alle erbe aromatiche

Frittata con hierbas aromáticas

Para 2 personas
Preparación 5 min
Cocción 10 min

— 6 huevos
— 1 cda. de perejil picado fino
— 1 cda. de cebollino picado fino
— 1 cda. de estragón picado fino
— 1 cda. de perifollo picado fino
— 25 g de mantequilla
— sal y pimienta

En un bol bata ligeramente los huevos, salpimiente y añada las hierbas.

Funda la mantequilla en una sartén antiadherente a fuego medio-alto. Vierta la mezcla e incline y gire la sartén para que se extienda de manera uniforme. Fríala 10 segundos y levante el fondo ya cuajado con una espátula para que el huevo crudo se escurra por debajo. Siga friéndola de esta manera hasta que la frittata esté cuajada por debajo pero la parte superior se mantenga suave y cremosa.

Levante el borde con la espátula, incline la sartén para que la frittata se doble sobre sí misma y deslícela sobre un plato. Sírvala a continuación.

Uova alla coque con asparagi

Huevos pasados por agua con espárragos

Para 4 personas
Preparación 10 min
Cocción 10 min

- — 4 huevos
- — 800 g de espárragos limpios
- — sal
- — mantequilla derretida, para servir

Introduzca los huevos en un cazo con agua hirviendo. Baje el fuego y cuézalos 3 o 4 minutos.

Mientras, ponga una olla de agua con sal a hervir, añada los espárragos y cuézalos 3 minutos, o hasta que estén tiernos.

Coloque los huevos en una huevera y sírvalos con los espárragos calientes y unos boles individuales con la mantequilla derretida. Para comerlos, sumerja la punta de los espárragos en la mantequilla y después en el huevo.

Uova in cocotte ai porri

Huevos a la cazuela con puerros

Para 4 personas
Preparación 15 min
Cocción 25-30 min

— 600 g de puerros limpios
— 50 g de mantequilla, y un poco más para engrasar
— 1 pizca de nuez moscada recién rallada
— 4 huevos
— sal y pimienta

Parta el puerro por la mitad a lo largo y córtelo en rodajas finas. Funda la mantequilla en una sartén, añada el puerro y sofríalo a fuego medio 5 minutos, hasta que esté tierno. Salpimiente al gusto y esparza la nuez moscada. Remueva bien, eche 3 cucharadas de agua templada, tape la sartén y cuézalo a fuego medio otros 5 minutos.

Mientras, precaliente el horno a 180 °C y engrase cuatro ramequines con mantequilla. Reparta el puerro entre los moldes, casque un huevo dentro de cada uno y colóquelos en una bandeja de horno honda. Vierta agua hirviendo en la bandeja hasta cubrir la mitad de los moldes y hornéelos 15 minutos. Sazone ligeramente con pimienta y sírvalos.

Mozzarella in carrozza

Sándwiches de mozzarella fritos

Para 4 personas
Preparación 25 min
Cocción 5 min

— 8 rebanadas pequeñas de pan rústico
— 150 g de mozzarella escurrida y en rodajas
— 2 huevos
— 175 ml de leche
— harina, para espolvorear
— 4 cdas. de aceite de oliva
— 25 g de mantequilla
— sal y pimienta

Ponga las rodajas de mozzarella sobre la mitad de las rebanadas de pan y tápelas con la otra mitad para hacer sándwiches. Bata los huevos en un plato con la leche y salpimiente. Enharine los sándwiches y páselos por el huevo batido, presionándolos con cuidado con una espátula hasta que absorban parte de la mezcla.

Caliente el aceite y la mantequilla en una sartén a fuego medio-alto y fría los sándwiches unos 2 minutos por cada lado, hasta que estén crujientes y dorados. Retírelos con una espátula y déjelos escurrir sobre papel de cocina. Sirva los sándwiches calientes.

Salmone croccante al rosmarino

Salmón asado al romero

Para 6 personas
Preparación 15 min
Cocción 10 min

— 90 g de romero fresco
— 200 g de salmón u otro pescado, como atún o lubina
— 3 cdas. de nata líquida o crème fraîche, para montar
— 1 ración de mayonesa (véase pág. 226) o comprada
— 2 cdas. de vermú seco
— 50 g de hierbas variadas picadas, como perejil, eneldo y tomillo
— 1 pepinillo encurtido picado fino
— sal y pimienta

Precaliente el gratinador, forre un molde para horno con papel de aluminio y esparza el romero por encima. Coloque los filetes de salmón en el molde, salpimiente y ase unos 5 minutos por cada lado, o hasta que esté hecho y la carne se desmenuce fácilmente con un tenedor.

Mientras, monte la nata, e incorpórela con cuidado a la mayonesa. Añada el vermú poco a poco y agregue las hierbas y el pepinillo. Para servir, disponga los filetes de salmón en un lado de una fuente, ligeramente solapados, y vierta la salsa en el otro.

Tonno alle mandorle, pinoli e olive

Atún con almendras, piñones y aceitunas

Para 4 personas
Preparación 15 min
Cocción 20 min

— 2 cdas. de aceite de oliva
— 200 g de filetes de atún
— 100 ml de vino blanco seco
— 100 g de aceitunas negras deshuesadas
— 40 g de almendras blanqueadas y picadas
— 40 g de piñones picados
— la ralladura de 1 limón
— ½ diente de ajo picado
— 1 cda. de mejorana picada
— 1 cda. de tomillo picado
— 1 cda. de perejil picado
— sal y pimienta

Caliente el aceite en una sartén, añada el atún y fríalo a fuego medio 4 minutos por cada lado. Páselo a una fuente y resérvelo caliente.

Vierta el vino en la sartén, salpimiente y prosiga con la cocción 8 minutos, o hasta que la mayor parte del alcohol se haya evaporado.

Mezcle las aceitunas, las almendras, los piñones, la ralladura de limón, el ajo, la mejorana, el tomillo y el perejil en un bol. Agregue la mezcla a la sartén y cuézala a fuego lento, sin dejar de remover, 3 minutos. Retire la sartén del fuego, vierta la mezcla sobre el atún y sírvalo.

Nasello in salsa verde

Merluza en salsa verde

Para 4 personas
Preparación 10 min
Cocción 15-20 min

— 200 g de filetes de merluza u otro pescado, como fletán o salmón
— 2 cdas. de aceite de oliva, y un poco más para untar
— 1 cebolla picada fina
— 1 rama de apio y unas pocas hojas picadas finas
— 2 ramitas de perejil picado
— el zumo de 1 limón colado
— sal y pimienta

Precaliente el horno a 200 °C. Unte el pescado y una fuente refractaria con aceite, coloque el pescado en la fuente, salpimiente bien y hornéelo de 15 a 20 minutos, o hasta que esté bien hecho y la carne se desmenuce fácilmente con un tenedor.

Mientras, caliente el aceite en un cazo, añada la cebolla y el apio, fríalos a fuego medio, removiéndolos de vez en cuando, de 5 a 10 minutos, o hasta que estén tiernos. Salpimiente, retire el cazo del fuego y reserve templado. Eche el perejil, las hojas de apio y el zumo de limón. Sirva la merluza con la salsa verde.

Branzino al cartoccio

Lubina en papillote

Para 4 personas
Preparación 15 min
Cocción 20-25 min

— aceite de oliva, para untar y rociar
— 1 ramita de romero
— 2 dientes de ajo en láminas
— 1 lubina de 1 kg limpia, sin espinas ni escamas
— 1 ramita de perejil picado
— 1 limón en rodajas, y un poco más para servir
— 1 cebolla cortada en aros
— 2 cebolletas en rodajas finas
— 5 cdas. de vino blanco seco
— sal y pimienta

Precaliente el horno a 200 °C. Corte un trozo de papel vegetal y úntelo con aceite.

Ponga la ramita de romero y uno de los dientes de ajo dentro de la lubina, salpimiente y colóquela sobre el papel vegetal. Corte el ajo restante en láminas.

Esparza el perejil sobre la lubina y cúbrala con las rodajas de limón, la cebolla, las cebolletas y el ajo laminado. Vierta el vino sobre la lubina, doble el papel por encima para envolverla por completo y selle los extremos.

Colóquela sobre una bandeja de horno y hornéela de 20 a 25 minutos. Sírvala con aceite de oliva, rodajas de limón y sal.

Sogliole al timo

Lenguado al tomillo

Para 4 personas
Preparación 10 min
Cocción 15 min

— 4 lenguados limpios y sin la piel
— 3 cdas. de hojas de tomillo fresco
— 120 ml de aceite de oliva, y un poco más para rociar
— el zumo de ½ limón colado
— sal y pimienta blanca

Ponga el pescado en una olla, añada agua hasta cubrirlo y una pizca de sal, y llévelo a ebullición. Baje el fuego y escáldelo durante 5 minutos, o hasta que esté tierno y la carne se desmenuce fácilmente con un tenedor. Escúrralo y páselo a una fuente.

Ponga las hojas de tomillo, una pizca de sal y una de pimienta blanca en un bol y agregue poco a poco el aceite.

Rocíe el pescado con aceite de oliva y el zumo de limón. Vierta la salsa de tomillo y resérvelo en un lugar fresco hasta el momento de servir.

Filetti di sogliola delizia

Delicias de lenguado

Para 4 personas
Preparación 15 min
Cocción 10 min

— 100 g de filetes de lenguado sin la piel, u otro pescado, como platija, solla o rodaballo
— harina, para espolvorear
— 25 g de mantequilla
— 4 cdas. de aceite de oliva
— 1 cdta. colmada de mostaza de Dijon
— la piel rallada y el zumo de 1 limón
— 2 cdtas. de semillas de cilantro picadas gruesas
— 1 cda. de cilantro picado
— 40 g de almendras blanqueadas, tostadas y picadas gruesas
— sal y pimienta

Enharine ligeramente el pescado y sacúdalo para eliminar el exceso de harina. Funda la mantequilla con 2 cucharadas del aceite en una sartén a fuego medio, añada los filetes de pescado, por tandas, y fríalos 2 minutos por cada lado. Salpimiente, retírelos del fuego, páselos a una fuente y resérvelos templados.

Bata el resto del aceite con la mostaza, la ralladura y el zumo de limón, las semillas y el cilantro picados y las almendras en un bol hasta que se mezclen bien. Vierta la salsa en la sartén y caliéntela unos minutos. Nape el pescado con la salsa y sírvalo.

Gamberetti con mandorle e pangrattato

Gambas con almendras y pan rallado

Para 4 personas
Preparación 20 min
Cocción 10 min

— 5 cdas. de aceite de oliva
— 1 cebolla pequeña picada
— 1 diente de ajo picado
— 1 ramita de perejil picado
— ½ cdta. de guindilla molida
— 500 g de gambas crudas, peladas y sin el hilo intestinal
— 100 ml de vino blanco seco
— copos de guindilla (opcional), para servir
— sal

Para las almendras y el pan rallado
— 2 cdas. de aceite de oliva
— 100 g de almendras picadas
— 100 g de pan recién rallado
— 1 cda. colmada de parmesano rallado
— 1 pizca de perejil picado
— sal

Caliente el aceite en una cazuela de fondo grueso, añada la cebolla, el ajo y el perejil y sofríalos a fuego medio-alto, removiendo con frecuencia, unos minutos. Agregue la guindilla molida y las gambas, y sofríalas, sin dejar de remover, unos minutos, hasta que adquieran un color rosado. Vierta el vino y prosiga con la cocción 4 o 5 minutos hasta que se evapore. Retire las gambas del fuego y sálelas.

Mientras, para preparar las almendras y el pan rallado, caliente el aceite en una sartén. Añada todos los ingredientes, sale y sofríalos a fuego medio 2 o 3 minutos, removiendo constantemente con una cuchara de madera para evitar que la mezcla se queme. Estará lista cuando esté dorada. Sírvala con las gambas y los copos de guindilla, si utiliza.

Cozze alla marinara

Mejillones a la marinera

Para 4 personas
Preparación 10 min
Cocción 5 min

— 1,5 kg de mejillones limpios y sin las barbas
— 3 cdas. de perejil picado fino
— pimienta

Ponga los mejillones en un cazo a fuego vivo con abundante pimienta pero sin agua y cuézalos unos 5 minutos, hasta que se abran. Deseche los que no se hayan abierto. Escúrralos, reserve el líquido de cocción y colóquelos en una fuente.

Pase el líquido de cocción por una estameña sobre un bol. Añada el perejil, vierta la mezcla sobre los mejillones y sírvalos.

Brochetas de vieiras

Para 4 personas
Preparación 15 min + tiempo de marinar
Cocción 6 min

— el zumo de 2 limas colado
— 1 diente de ajo majado
— 16 vieiras limpias, u otro marisco, como calamarcitos
— 1 pimiento verde
— 1 pimiento rojo
— aceite de oliva
— sal y pimienta

Vierta el zumo de lima en un plato hondo, salpimiente, añada el ajo y las vieiras, y déjelas marinar en un lugar fresco durante 10 minutos. Precaliente el gratinador.

Mientras, parta los pimientos por la mitad, retire las semillas y las membranas, y córtelos en 8 trozos cada uno.

Escurra las vieiras e inserte 4 de ellas en cada brocheta, alternándolas con los trozos de pimiento rojo y verde.

Úntelas con aceite y áselas 2½ o 3 minutos por cada lado, o hasta que estén opacas y bien hechas. Retire las brochetas del gratinador, salpimiente, páselas a una fuente y sírvalas.

Involtini di pollo alla salvia

Rollitos de pollo a la salvia

Para 4 personas
Preparación 20 min
Cocción 25 min

— 4 pechugas de pollo deshuesadas y sin piel
— 8 hojas de salvia fresca
— 12 lonchas de panceta o beicon cortado grueso
— 2 cdas. de aceite de oliva
— sal y pimienta
— ensalada de achicoria roja (opcional), para servir

Aplane ligeramente el pollo con un mazo para carne o un rodillo. Coloque 2 hojas de salvia sobre cada trozo de pollo y sazónelos con sal y pimienta al gusto. Enróllelos, envuelva cada rollito con 3 lonchas de panceta y ciérrelos con palillos.

Caliente el aceite en una sartén, añada los rollitos y fríalos a fuego vivo 5 minutos, dándoles la vuelta con frecuencia, hasta que se doren.

Tape la sartén y rehóguelos a fuego lento durante unos 20 minutos, o hasta que estén bien hechos. Sirva los rollitos con una ensalada de achicoria, si utiliza.

Involtini di pollo alle acciughe e capperi

Rollitos de pollo, anchoas y alcaparras

Para 4 personas
Preparación 15 min
Cocción 30 min

- 4 pechugas de pollo deshuesadas y sin piel
- 8 filetes de anchoa en aceite escurridos
- 25 g de alcaparras escurridas y lavadas
- 25 g de mantequilla
- 1 cda. de aceite de oliva
- 1 cebolla en rodajas finas
- 4 cdas. de vino blanco seco
- sal y pimienta

Aplane ligeramente el pollo con un mazo para carne o un rodillo. Reparta las anchoas y las alcaparras entre las pechugas de pollo, enróllelas y ciérrelas con palillos.

Caliente la mantequilla y el aceite en una sartén, agregue la cebolla y rehóguela a fuego lento, removiendo de vez en cuando, 3 minutos.

Eche los rollitos y fríalos a fuego vivo 5 minutos, dándoles la vuelta con frecuencia, hasta que se doren. Salpimiente, vierta el vino y prosiga con la cocción 2 minutos, hasta que se reduzca ligeramente. Baje el fuego, tape la sartén y cuézalos 20 minutos, hasta que estén hechos. Páselos a una fuente caliente y sírvalos.

Filetto con le fave

Solomillo de ternera con habas

Para 4 personas
Preparación 10 min
Cocción 10-20 min

— 100 g de habas peladas congeladas
— 4 filetes de solomillo de ternera
— harina, para espolvorear
— 3 cdas. de aceite de oliva
— 100 ml de vino blanco seco
— 45 g de speck o prosciutto en tiras
— sal y pimienta

Cueza las habas en una olla de agua con sal de 3 a 5 minutos, hasta que estén tiernas, y escúrralas. Retíreles la piel, presionándolas con los dedos pulgar e índice, y resérvelas.

Enharine los filetes y sacúdalos para eliminar el exceso de harina. Caliente el aceite en una sartén, eche la carne y fríala a fuego medio-alto, dándole la vuelta una vez, a su gusto: 3 minutos para que quede poco hecha; 4 minutos para que esté al punto; 6 minutos si la desea bien hecha; y 10 minutos si la prefiere muy hecha. Retire la carne de la sartén, pásela a una fuente, manténgala templada y déjela reposar.

Vierta el vino en la sartén y prosiga con la cocción a fuego vivo unos minutos hasta que se reduzca a la mitad. Añada las habas y el speck, remueva con cuidado, y déjelos 1 minuto para que se calienten. Salpimiente, disponga la mezcla de habas al lado de la carne y sírvala.

Bistecche ai funghi

Filete de buey con setas

Para 4 personas
Preparación 10 min
Cocción 15-30 min

— 50 g de mantequilla
— 1 chalota picada fina
— 250 g de champiñones en láminas
— 5 cdas. de vino blanco seco
— 1 cda. de concentrado de tomate
— 2 cdas. de aceite de oliva
— 4 filetes de solomillo de ternera
— 1 ramita de perejil picado
— sal
— 4 rebanadas de pan gruesas, sin la corteza (opcional), para servir

Funda la mitad de mantequilla en un cazo y rehogue la chalota a fuego lento, removiendo, 5 minutos. Eche los champiñones, remueva bien, vierta el vino, suba el fuego y prosiga con la cocción de 3 a 5 minutos, o hasta que se evapore.

Mezcle el tomate con 3 cucharadas de agua templada, vierta la mezcla en el cazo y sale ligeramente. Cueza la salsa, sin tapar, de 5 a 10 minutos, o hasta que se reduzca a la mitad.

Funda el resto de la mantequilla con el aceite en una sartén, añada la carne y fríala a fuego medio-alto, dándole la vuelta una vez, a su gusto: 3 minutos para que quede poco hecha; 4 minutos para que esté al punto; 6 minutos si la desea bien hecha; y 10 minutos si la prefiere muy hecha. Retire la carne del fuego y déjela reposar a temperatura ambiente de 3 a 5 minutos.

Sazone la carne con un poco de sal, vierta la salsa de champiñones por encima y esparza el perejil. Sírvala de inmediato encima de una tostada, si utiliza.

Tartara di manzo

Steak tartare

Para 4 personas
Preparación 25 min

- 450 g de carne magra picada fina
- 4 yemas de huevo
- 1 cebolla en rodajas finas
- 1 cda. de alcaparras escurridas y lavadas
- 2 cdas. de perejil picado fino
- 4 filetes de anchoa en aceite escurridos y picados finos
- mostaza francesa suave (opcional)
- aceite de oliva y cuñas de limón, para servir

Reparta la carne entre 4 platos y dele forma de volcán. Haga un hueco en el centro y coloque con cuidado 1 yema cruda en cada uno.

Disponga la cebolla, las alcaparras, el perejil y las anchoas alrededor de la carne. Sírvala con el aceite y los gajos de limón. Cada comensal puede sazonar la carne a su gusto y mezclar todos los ingredientes con un tenedor. Si lo prefiere, añada un poco de mostaza para potenciar el sabor del plato.

Saltimbocca a la romana

Para 4 personas
Preparación 5 min
Cocción 15 min

— 100 g de lonchas de prosciutto, cortadas por la mitad
— 500 g de escalopes de ternera
— 8-10 hojas de salvia fresca
— 50 g de mantequilla
— 100 ml de vino blanco seco
— sal

Ponga una loncha de jamón sobre cada escalope, coloque una hoja de salvia encima y fíjelas con un palillo.

Funda la mantequilla en una sartén y fría la ternera a fuego vivo, por ambos lados, hasta que se dore. Sale, vierta el vino y prosiga con la cocción hasta que se evapore. Retire el palillo y sírvala.

Costolette alla milanese

Chuletas a la milanesa

Para 4 personas
Preparación 15 min
Cocción 10 min

— 4 chuletas de ternera de 2½ cm de grosor, con hueso
— 1 huevo
— 80 g de pan rallado fino
— 30 g de mantequilla
— 2 cdas. de aceite de oliva
— sal

Aplane la carne con un mazo para carne o un rodillo hasta obtener un grosor uniforme. Bata el huevo con una pizca de sal en un plato hondo. Extienda el pan rallado en otro plato.

Funda la mantequilla con el aceite en una sartén. Pase cada chuleta primero por el huevo batido y después por el pan rallado, presionándola con los dedos.

Fría las chuletas a fuego medio unos 5 minutos por cada lado, hasta que se doren. Retírelas con una espátula, déjelas escurrir sobre papel de cocina y páselas a una fuente caliente. Las chuletas combinan muy bien con cualquier verdura servida con mantequilla o con una ensalada fresca.

Scaloppine di vitello al marsala

Escalopines de ternera al marsala

Para 4 personas
Preparación 5 min
Cocción 10-15 min

— 500 g de filetes finos de ternera
— harina, para espolvorear
— 80 g de mantequilla
— 450 ml de marsala seco o jerez
— 2 cdas. de perejil picado, para servir
— sal y pimienta

Enharine los filetes y sacúdalos para eliminar el exceso de harina. Funda la mantequilla en una sartén y deje que se dore ligeramente. Añada los filetes, por tandas si fuese necesario, y fríalos a fuego vivo 2 o 3 minutos por cada lado. Retírelos de la sartén, déjelos reposar en un plato y resérvelos templados.

Baje el fuego, desprenda los restos del fondo de la sartén con una cuchara de madera, vierta el marsala, remueva bien, suba el fuego y cueza hasta que se reduzca a la mitad. Nape los escalopines con la salsa, adórnelos con el perejil y sírvalos.

Fegato alla veneta

Hígado al estilo del Véneto

Para 4 personas
Preparación 15 min
Cocción 15 min

— 4-5 cdas. de aceite de oliva
— 2 cebollas en rodajas finas
— 175 ml de vino blanco seco
— 1 cda. de perejil picado
— 500 g de hígado, de ternera o de cerdo, en rodajas
— sal y pimienta

Caliente el aceite en una sartén, añada la cebolla y rehóguela a fuego lento, removiendo de vez en cuando, unos 10 minutos, hasta que se ablande y se dore ligeramente.

Vierta el vino, suba el fuego y cueza hasta que se evapore. Agregue el perejil y el hígado. Fríalo durante 1 o 2 minutos por cada lado. Salpimiente al gusto y pase el hígado a una fuente caliente. Sírvalo inmediatamente.

Salsicce alle dieci erbe

Salchichas a las diez hierbas

Para 4 personas
Preparación 15 min
Cocción 20 min

— 1 cda. de aceite de oliva
— 8 salchichas italianas
— 1½ cdtas. de romero picado
— 1½ cdtas. de salvia picada
— 1½ cdtas. de albahaca picada
— 1½ cdtas. de tomillo picado
— 1½ cdtas. de perejil picado
— 1½ cdtas. de mejorana picada
— 1½ cdtas. de menta picada
— 1½ cdtas. de estragón picado
— 1 rama de apio en dados finos
— 2 chalotas picada finas
— 100 ml de vino blanco seco

La cantidad de hierbas, apio y chalotas que utilice dependerá de su gusto, pero es preferible no abusar de las que tienen un sabor más intenso, como el romero.

Caliente el aceite con 2 cucharadas de agua en una sartén a fuego medio. Pinche las salchichas, póngalas en la sartén y sofríalas, dándoles la vuelta de vez en cuando, de 10 a 15 minutos, hasta que se doren.

Añada las hierbas aromáticas, el apio y las chalotas y prosiga con la cocción unos minutos más. Vierta el vino, deje que se evapore y sirva las salchichas enseguida.

Chuletas de cerdo con mantequilla y salvia

Para 4 personas
Preparación 5 min
Cocción 15 min

— 4 chuletas de cerdo de 2½ cm de grosor, sin hueso
— 40 g de mantequilla
— 6 hojas de salvia fresca
— sal y pimienta

Aplane las chuletas ligeramente con un mazo para carne o un rodillo.

Funda la mantequilla en una sartén, añada la salvia y fríala durante 5 minutos, hasta que se dore ligeramente.

Eche las chuletas y fríalas de 3 a 5 minutos por cada lado, hasta que estén tiernas y bien hechas. Sazónelas ligeramente con sal y pimienta y sírvalas de inmediato.

Indivia belga al prosciutto di Praga

Endibias con jamón de Praga

Para 4 personas
Preparación 10 min
Cocción 15-20 min

— mantequilla, para engrasar
— 4 endibias limpias
— 4 lonchas grandes de jamón de Praga u otro tipo de jamón ahumado
— 1 ración de bechamel (véase pág. 226) o comprada
— 1 pizca de nuez moscada recién rallada
— 150 ml de caldo de carne
— 25 g de parmesano recién rallado
— sal y pimienta

Precaliente el horno a 200 °C. Engrase una fuente refractaria con mantequilla.

Envuelva cada endibia con una loncha de jamón y póngalas en la fuente. Salpimiente, nape las endibias con la bechamel y sazone con nuez moscada al gusto. Vierta el caldo y esparza el parmesano.

Hornee de 15 a 20 minutos. Saque la fuente del horno y deje reposar las endibias 5 minutos antes de servirlas.

Contorni

Guarniciones

Ninguna mesa estaría completa si los *secondi* no se complementasen con excelentes y coloridas guarniciones. Los *contorni* siguen el ritmo de las estaciones y brindan a los cocineros la oportunidad de mostrar la riqueza de los productos de la tierra. Sin excepción alguna, estos platos son lo suficientemente especiales como para acaparar toda la atención, y la gran mayoría podría formar parte de un estupendo menú vegetariano. El Brócoli picante con yogur (véase pág. 166), la Ensalada de achicoria roja con naranja (véase pág. 182) o la Ensalada de manzana, apionabo e hinojo (véase pág. 188), le transportarán directamente al corazón de la campiña italiana.

Asparagi alla parmigiana

Espárragos al parmesano

Para 4 personas
Preparación 10 min
Cocción 5 min

— 1 kg de espárragos limpios
— 80 g de parmesano recién rallado
— 50 g de mantequilla
— sal

Cueza los espárragos en agua hirviendo con sal de 4 a 5 minutos, o hasta que estén tiernos. Escúrralos y séquelos. Dispóngalos en una fuente caliente y esparza el parmesano.

Funda la mantequilla, sazone con un poco de sal y viértala sobre los espárragos. Sírvalos a continuación.

Insalata di fagioli e asparagi

Ensalada de alubias y espárragos

Para 4-6 personas
Preparación 15 min
Cocción 5 min

— 1 manojo de espárragos (unos 340 g)
— 250 g de alubias cannellini en conserva, escurridas y lavadas
— 5 cdas. de aceite de oliva virgen extra
— el zumo de ½ limón colado
— 1 ramita de perejil picado fino
— sal y pimienta blanca recién molida

Forme un paquetito con los espárragos y átelos con bramante. Ponga a hervir agua con un poco de sal en una olla. Introduzca los espárragos y colóquelos en posición vertical, con las puntas sobresaliendo por encima del nivel del agua. Tape la olla y cuézalos 3 minutos, o hasta que estén tiernos.

Saque los espárragos, lávelos con agua fría para detener el proceso de cocción y escúrralos sobre papel de cocina. Córtelos por la mitad.

Ponga las alubias en una fuente. Bata el aceite, el zumo de limón y el perejil en un bol y sazone con sal y pimienta blanca. Rocíe el aderezo sobre las alubias, coloque los espárragos por encima, remueva con cuidado y sirva.

Cannellini estivi

Alubias cannellini de verano

Para 4-6 personas
Preparación 10 min
Cocción 20 min

— 2 tomates frescos
— 3 cdas. de aceite de oliva
— 1 diente de ajo
— 1 berenjena en dados de 1 cm
— 1 pimiento amarillo, cortado por la mitad, despepitado, en dados de 1 cm
— 350 g de alubias cannellini en conserva, escurridas y lavadas
— la ralladura de ½ limón
— 4 hojas de albahaca picadas
— 1 ramita de perejil picado
— sal y pimienta

Escalde los tomates en un bol refractario con agua hirviendo unos segundos, pélelos, despepítelos y píquelos.

Caliente el aceite en una sartén, añada el ajo y sofríalo 2 minutos, o hasta que se dore. Retírelo y deséchelo.

Añada la berenjena y el pimiento a la sartén y sofríalos a fuego vivo 2 o 3 minutos. Agregue el tomate y las alubias, tape la sartén, baje el fuego y rehogue 5 minutos. Salpimiente y rehóguelo todo, destapado, otros 5 minutos.

Retire la sartén del fuego, pase la mezcla a una fuente caliente y esparza el limón, la albahaca y el perejil. Remueva bien y sirva.

Piselli alla pancetta

Guisantes con panceta

Para 4 personas
Preparación 5 min
Cocción 15 min

— 500 g de guisantes pelados, frescos o congelados
— 40 g de mantequilla
— 100 g de panceta ahumada o beicon grueso, en tiras
— sal

Cueza los guisantes en una olla de agua con sal de 3 a 5 minutos, o hasta que estén tiernos. Escúrralos y resérvelos.

Funda la mantequilla en una sartén a fuego medio, añada la panceta y sofríala 10 minutos, o hasta que esté dorada y tierna. Agregue los guisantes y remueva hasta que se mezclen. Pase los guisantes a una fuente caliente y sírvalos.

Cavolini di Bruxelles con le mandorle

Coles de Bruselas con almendras

Para 4 personas
Preparación 10 min
Cocción 10-15 min

— 600 g de coles de Bruselas limpias
— 50 g de mantequilla
— 40 g de almendras blanqueadas
— 1 diente de ajo
— la ralladura fina de 1 limón
— 25 g de pan rallado
— sal y pimienta

Cueza las coles en una cazuela de agua con sal de 5 a 10 minutos, o hasta que estén tiernas, y escúrralas bien. Páselas a una fuente de servir y resérvelas templadas.

Funda la mitad de la mantequilla en una sartén a fuego medio, añada las almendras y el ajo y sofríalos unos minutos. Agregue la ralladura de limón, salpimiente y retire del fuego. Retire y deseche el ajo. Vierta la mezcla sobre las coles de Bruselas.

Funda la mantequilla restante en otra sartén, eche el pan rallado y fríalo, removiendo constantemente, hasta que se dore. Viértalo sobre las coles y sírvalas.

Broccoletti piccanti allo yogurt

Brócoli picante con yogur

Para 4 personas
Preparación 10 min
Cocción 5 min

— 1 kg de brócoli morado o verde, divido en ramitos
— 1 ramita de perejil picado
— 1 diente de ajo picado
— 1 guindilla roja fresca despepitada y picada
— 100 ml de yogur natural
— 1 pizca de mostaza en polvo
— sal

Escalde el brócoli en una olla de agua con sal unos minutos hasta que esté tierno. Escúrralo bien y páselo a una ensaladera grande.

Mezcle el perejil, el ajo, la guindilla y el yogur en un bol, añada la mostaza y sale al gusto. Vierta la salsa sobre el brócoli y sírvalo caliente.

Carciofi al parmigiano

Alcachofas con parmesano

Para 4 personas
Preparación 20 min + tiempo de remojo
Cocción 25 min

— el zumo de 1 limón colado
— 8 alcachofas
— 4 cdas. de aceite de oliva
— 50 g de parmesano rallado
— 1 cda. de perejil picado
— sal y pimienta

Llene un bol con agua hasta la mitad y vierta el zumo de limón. Recorte los tallos de las alcachofas y retire las hojas exteriores más duras. Ponga las alcachofas en el agua acidulada para evitar que se ennegrezcan. Déjelas en remojo 15 minutos, escúrralas y córtelas en cuñas finas.

Caliente 2 cucharadas del aceite en una sartén, eche las alcachofas y rehóguelas a fuego lento, removiéndolas y dándoles la vuelta de vez en cuando, 15 minutos. Mientras, precaliente el horno a 190 °C.

Retire la sartén del fuego. Ponga las alcachofas en una fuente refractaria, rocíelas con el aceite restante, esparza el queso y el perejil y sazone con sal y pimienta ligeramente. Hornéelas 10 minutos y sírvalas de inmediato.

Carote novelle in salsa d’erbe

Zanahorias tiernas con salsa de hierbas

Para 6 personas
Preparación 10 min
Cocción 25-30 min

— 800 g de zanahorias tiernas limpias
— 40 g de mantequilla
— 1 cda. de aceite de oliva
— 1 diente de ajo pelado
— 2 cdas. de hierbas variadas, como perejil, albahaca y mejorana
— 4 cdas. de nata espesa
— sal y pimienta

Ponga a hervir agua con un poco de sal en una olla. Añada las zanahorias y cuézalas durante 10 minutos, o hasta que estén tiernas, y escúrralas.

Mientras, funda la mantequilla con el aceite en una sartén a fuego lento. Eche el ajo y sofríalo a fuego medio 5 minutos, o hasta que se dore. Retire el ajo y deséchelo.

Agregue las zanahorias, sofríalas 2 minutos, eche las hierbas picadas, salpimiente y vierta la nata.

Cueza todo a fuego lento 10 o 15 minutos, hasta que la salsa se reduzca. Si quedara demasiado espesa, añada un poco de agua o leche templada. Retire la sartén del fuego y sirva las zanahorias calientes.

Cipollotti brasati

Cebolletas estofadas

Para 4 personas
Preparación 10 min
Cocción 30 min

— 25 g de mantequilla
— 2 cdas. de hierbas variadas, como tomillo, mejorana y salvia
— 50 g de panceta o beicon grueso, en tiras finas
— 500 g de cebolletas grandes en rodajas gruesas
— sal y pimienta

Funda la mantequilla con las hierbas en una sartén. Añada la panceta y las partes de color blanco y verde claro de las cebolletas y rehóguelas a fuego lento, removiendo constantemente, 10 minutos.

Eche la parte verde oscuro de las cebolletas y rehóguelas, removiendo de vez en cuando, otros 10 minutos.

Agregue 2 cucharadas de agua caliente y rehogue todo a fuego lento 10 minutos, hasta que las cebolletas estén tiernas y el líquido se haya evaporado. Salpimiente y sirva enseguida.

Patatine novelle al rosmarino

Patatas nuevas al romero

Para 4 personas
Preparación 5 min
Cocción 25 min

— 675 g de patatas nuevas
— 25 g de mantequilla
— 100 ml de aceite de oliva
— 1 ramita de romero
— 1 diente de ajo
— sal

Ponga a hervir una olla de agua con sal, eche las patatas, cuézalas a fuego lento 10 minutos y escúrralas.

Mientras, caliente la mantequilla con el aceite en una sartén. Añada el romero, el ajo y las patatas, remueva y tape la sartén. Sofríalas a fuego medio, removiendo de vez en cuando, 15 minutos, o hasta que se doren.

Retire y deseche el ajo y el romero, sale las patatas y sírvalas.

Insalata di ceci e radicchio

Ensalada de garbanzos y achicoria roja

Para 4 personas
Preparación 15 min
Cocción 10 min

— 4 o 5 patatas nuevas
— 2 cogollos de achicoria roja, preferiblemente de Treviso
— 150 g de garbanzos en conserva, escurridos y lavados
— 65 g de parmesano rallado
— 6 cdas. de aceite de oliva
— 1 cda. de vinagre balsámico
— sal y pimienta

Ponga a hervir un cazo de agua con un poco de sal, eche las patatas, cuézalas 10 minutos a fuego lento, escúrralas, deje que se enfríen y córtelas en rodajas.

Mientras, corte la achicoria en trozos grandes y póngalos en una ensaladera. Añada los garbanzos y las patatas.

Corte unas virutas de parmesano y resérvelas para adornar.

Ralle el resto del parmesano en un bol. Añada el aceite, el vinagre y una pizca de sal, y bata hasta obtener un aliño fino. Viértalo sobre la ensalada y remueva bien. Esparza el parmesano, sazone con pimienta y sírvala.

Insalata con melagrana

Ensalada con granada

Para 4 personas
Preparación 25 min

— 1 granada
— 2 zanahorias en bastoncitos finos
— 1 manojo de canónigos limpios
— 1 manojo de rúcula limpia
— 1 manojo de espinacas tiernas limpias
— 100 ml de aceite de oliva
— 1-2 cdas. de vinagre balsámico
— el zumo de ½ naranja colado
— sal

Corte una rodaja de un extremo de la granada, apóyela sobre ese extremo y realice incisiones verticales en la piel. Sujete la granada sobre un bol, abra los gajos tirando de ellos hacia atrás y extraiga los granos con los dedos. Retire los restos de piel y membrana.

Coloque las zanahorias, los canónigos, la rúcula y las espinacas en una ensaladera.

Bata el aceite con el vinagre y el zumo de naranja en un bol. Sale. Vierta el aliño sobre la ensalada y remuévala. Esparza la granada por encima y sírvala.

Insalata di cavolo pancetta e roquefort

Ensalada de col lombarda, panceta y roquefort

Para 6 personas
Preparación 15 min
Cocción 20 min

— 1 col lombarda pequeña, sin el cogollo y en juliana
— 120 ml de vinagre de vino tinto
— 4 cdas. de aceite de oliva
— 250 g de panceta ahumada o beicon grueso, en dados
— 6 rebanadas de pan, sin la corteza, en cuadrados pequeños
— rúcula, para servir
— 175 ml de aceite de oliva
— 3 cdas. de vinagre de vino blanco
— 1 cda. de mostaza de Dijon
— 100 g de roquefort u otro queso azul, como gorgonzola o stilton, en dados
— sal y pimienta

Coloque la col en un bol refractario. Ponga el vinagre en un cazo y llévelo a ebullición. Retírelo del fuego y viértalo sobre la col.

En una sartén, caliente 1 cucharada del aceite de oliva. Eche la panceta y fríala a fuego medio-alto, removiendo con frecuencia, de unos 8 a 10 minutos hasta que quede crujiente. Retírela con una espumadera y resérvela.

Caliente el aceite restante en la sartén. Eche el pan, por tandas si fuera necesario, y sofríalo a fuego medio, removiendo y dándole la vuelta de vez en cuando, 4 o 5 minutos, o hasta que esté dorado y crujiente. Retírelo con una espátula y déjelo escurrir sobre papel de cocina.

Para preparar la vinagreta, bata el aceite, el vinagre y la mostaza en un bol y sazone con sal y pimienta.

Escurra la col y pásela a una fuente. Rocíela con la vinagreta, coloque encima la panceta, los tostones, el roquefort, la rúcula y remueva bien. Sirva la ensalada de inmediato.

Radicchio rosso all'arancia

Ensalada de achicoria roja con naranja

Para 4 personas
Preparación 15 min

— el zumo de 2 naranjas colado
— 3-4 cdas. de aceite de oliva
— 1 cdta. de zumo de limón
— 4 cogollos de achicoria roja, en cuñas finas
— sal y pimienta

Bata el zumo de naranja y el aceite en un bol y sazone con sal y pimienta al gusto. Añada unas gotas de zumo de limón si el de naranja estuviera demasiado dulce.

Ponga la achicoria en un bol, vierta el aliño de naranja, remuévala bien y sírvala.

La inusual combinación agridulce de sabores de esta ensalada la convierte en un acompañamiento perfecto para platos de carne o pescado cocidos.

Ravanelli in insalata con le olive

Ensalada de rábanos con aceitunas

Para 4 personas
Preparación 10 min

— 6 rábanos limpios
— el zumo de 1 limón colado
— 100 g de canónigos
— 10 aceitunas negras sin hueso
— aceite de oliva virgen extra, para rociar
— sal

Corte los rábanos en rodajas finas, póngalos en una ensaladera y rocíelos con el zumo de limón. Eche los canónigos y las aceitunas, aliñe con aceite y salpimiente al gusto. Remueva la ensalada con cuidado y sírvala.

Insalata di arance

Ensalada de naranja

Para 4-6 personas
Preparación 30 min

— 4 naranjas
— 2 bulbos de hinojo en rodajas finas, con las hojas reservadas
— 60 g de aceitunas negras sin hueso

Para el aliño:
— 5 cdas. de aceite de oliva
— el zumo de ½ limón colado
— 2 cdas. de perejil picado
— las hojas de hinojo reservadas (véase arriba)
— 1 cdta. de semillas de hinojo (opcional)
— sal y pimienta

Primero, prepare el aliño. En un bol, bata el aceite de oliva, el zumo de limón, el perejil y las hojas y las semillas de hinojo, si utiliza. Salpimiente al gusto.

Pele las naranjas y retire la membrana blanca amarga. Corte la pulpa en rodajas, póngalas en una ensaladera grande y añada el hinojo y las aceitunas. Mezcle bien. Vierta el aliño sobre la ensalada y sírvala.

Insalata di finocchio, sedano rapa e mele

Ensalada de manzana, apionabo e hinojo

Para 4 personas
Preparación 20 min

- 2 bulbos de hinojo, con las hojas reservadas
- 2 manzanas verdes
- 2 apionabos
- 150 ml de yogur natural
- 2 cdas. de cebollino cortado
- las hojas de hinojo reservadas, para adornar (opcional)
- sal y pimienta

Corte el hinojo en rodajas, retire el corazón de las manzanas y córtelas en rodajas finas. Corte los apionabos en rodajas. Mezcle el hinojo, las manzanas y el apionabo en una ensaladera.

En un bol, mezcle el yogur y el cebollino, salpimiente y añada la mezcla a la ensalada. Remueva ligeramente esparza las hojas de hinojo, si utiliza, y sírvala.

Insalata di pollo con sedano rapa

Ensalada de pollo y apionabo

Para 6-8 personas
Preparación 20 min

— 300 g de pollo cocido, en tiras
— 650 g de apionabo pelado y en bastoncitos
— 1 ración de mayonesa (véase pág. 226) o comprada
— 3 cdas. de yogur natural
— 1-2 cdtas. de mostaza de Dijon, al gusto
— 1 ramita de perejil picado fino, para adornar (opcional)
— sal y pimienta

Ponga el pollo y el apionabo en una ensaladera. Mezcle la mayonesa, el yogur y la mostaza en otro bol y salpimiente al gusto. Vierta el aliño poco a poco sobre la ensalada, esparza el perejil, si utiliza, y sírvala.

Insalata di gamberetti e mais

Ensalada de maíz y gambas

Para 4 personas
Preparación 10 min
Cocción 5-6 min

— 250 g de maíz en conserva, escurrido
— 300 g de gambas crudas, peladas y sin el hilo intestinal
— aceite de oliva virgen extra
— el zumo de 1 limón colado (opcional)
— 1 ramita de perejil picado fino, para adornar (opcional)
— sal y pimienta

Ponga el maíz escurrido en una ensaladera.

Cueza las gambas en una cazuela de agua con sal 5 o 6 minutos, hasta que adquieran un color rosa, escúrralas y añádalas al maíz. Remueva bien y rocíe la ensalada con el aceite y el zumo de limón, si utiliza. Salpimiente al gusto.

Deje la ensalada a temperatura ambiente y esparza el perejil, si utiliza, antes de servir.

Dolci

Postres y bebidas

La dulzura de las tartas y de las mermeladas de la repostería italiana se suele reservar para los desayunos del fin de semana, como también los buñuelos de frutas y los batidos. Las Galletas de canela (véase pág. 214) son un reconstituyente perfecto si se toman con un café expreso bien cargado; y la mezcla de sabores dulces y amargos resulta deliciosa. En cambio, los postres para las cenas, como el Sabayón (véase pág. 196) o las Ciruelas al vino (véase pág. 204), son mucho más ligeros, con un delicado toque dulce.

Zabaione

Sabayón

Para 4 personas
Preparación 10 min
Cocción 5-10 min

— 4 yemas de huevo
— 50 g de azúcar extrafino
— 120 ml de marsala dulce, vino blanco seco o jerez

Bata las yemas de huevo con el azúcar en un bol refractario con una batidora, hasta obtener una mezcla pálida y espumosa. Incorpore el marsala poco a poco.

Coloque el bol sobre una olla con agua hirviendo y cueza la crema al baño María a fuego lento, batiéndola constantemente, hasta que empiece a subir. No deje que llegue a hervir. Cuando haya doblado su tamaño y al levantar la batidora caiga en forma de cinta, retírela del fuego y sírvala templada o fría en vasos.

Si lo prefiere, el sabayón se puede servir con café o helado de avellana.

Gratin di frutti di bosco allo zabaione

Gratín de frutas del bosque con sabayón

Para 4 personas
Preparación 10 min
Cocción 10 min

— 500 g de frutas del bosque, como moras, arándanos, frambuesas y fresas sin pedúnculo
— 3 yemas de huevo
— 65 g de azúcar extrafino
— 2 cdas. de Grand Marnier, u otro licor de naranja
— la ralladura fina de ½ limón

Corte los frutos más grandes por la mitad y repártalos entre 4 moldes refractarios o, si lo prefiere, en el fondo de una fuente refractaria.

Precaliente el gratinador.

En un bol refractario, bata las yemas de huevo con el azúcar y el Grand Marnier. Coloque el bol sobre una olla con agua hirviendo y cueza la preparación al baño María a fuego lento, batiéndola constantemente, de 5 a 8 minutos, hasta que se espese. No deje que llegue a hervir.

Retire el bol del fuego, incorpore la ralladura de limón y vierta el sabayón sobre las frutas del bosque. Ponga los moldes bajo el gratinador y dórelos 1 o 2 minutos. Sirva templado o frío.

Zucchero caramellato

Caramelo

Para 90 ml
Preparación 5 min
Cocción 15 min

— 100 g de azúcar extrafino

Aclare un cazo de acero inoxidable con agua fría, añada el azúcar y vierta 120 ml de agua templada.

Cuézalo a fuego medio-bajo, sin dejar de remover, hasta que el azúcar se disuelva por completo, y deje que se dore. Este proceso puede tardar hasta 15 minutos. Vigílelo bien para que no se queme. El caramelo estará listo cuando caiga lentamente del dorso de una cuchara y se espese al enfriarse. Tenga cuidado al comprobar si está listo, estará muy caliente.

Vierta el caramelo de inmediato sobre helado o fruta fresca.

Mirtilli sciroppati

Arándanos en almíbar

Para 600 g
Preparación 5 min
Cocción 15 min + tiempo de enfriar

— 500 g de arándanos
— 500 g de azúcar extrafino
— 5 cdas. de grappa o vodka

Ponga los arándanos en una olla, añada 5 cucharadas de agua y cuézalos a fuego muy lento 10 minutos.

Eche el azúcar y cuézalo, removiendo con suavidad, hasta que se disuelva por completo. Retire la olla del fuego y deje que se enfríe ligeramente. Rocíe con la grappa y deje que se enfríe por completo.

Pase los arándanos y el almíbar a uno o dos tarros esterilizados, ciérrelos herméticamente y guárdelos en el frigorífico un máximo de 2 semanas.

Úselos para adornar postres o sírvalos con helado.

Prugne al vino

Ciruelas al vino

Para 6 personas
Preparación 10 min
Cocción 20 min + tiempo de enfriar

— 750 ml de vino rosado dulce
— 1 ramita de canela
— 120 g de azúcar extrafino
— la ralladura fina de ½ limón
— 12-18 ciruelas maduras sin hueso

Vierta el vino en una olla, añada la canela, el azúcar y la ralladura de limón y lleve todo a ebullición, removiendo, hasta que el azúcar se disuelva.

Eche las ciruelas y prosiga con la cocción a fuego lento 10 minutos.

Pase las ciruelas con el vino a una fuente de cristal refractaria y déjelas enfriar ligeramente. Retire la ramita de canela y sirva las ciruelas.

Pere al cioccolato

Peras al chocolate

Para 4 personas
Preparación 15 min
Cocción 15 min

— 25 g de azúcar extrafino
— 4 peras maduras
— 100 g de chocolate negro troceado
— 20 g de mantequilla
— 1-2 cdas. de brandy de pera (opcional)

Precaliente el horno a 160 °C. Esparza la mitad del azúcar de manera uniforme sobre la base de una fuente refractaria.

Pele las peras, retíreles el corazón, córtelas por la mitad y póngalas en la fuente. Esparza el resto del azúcar por encima y hornéelas 15 minutos.

Mientras, funda el chocolate y la mantequilla al baño María en un bol refractario colocado sobre una olla con agua hirviendo. Añada el brandy de pera, si utiliza, y remueva la mezcla hasta que quede fina y sin grumos. Viértala sobre las peras y sírvalas calientes.

Frittelle di mele

Buñuelos de manzana

Para 4 personas
Preparación 15 min
Cocción 15-20 min

— 4 manzanas
— 100 ml de ron o el zumo de 2 limones colado
— aceite de girasol, para freír
— 1 ración de masa de buñuelos (véase pág. 228)
— azúcar glas, para espolvorear

Pele las manzanas, retíreles el corazón, córtelas en rodajas gruesas, unas 4 o 5 por manzana, y rocíelas con el ron o el zumo de limón.

Caliente el aceite a 180 °C en una sartén honda, o hasta que una gota de la masa se dore en unos 20 segundos.

Pase las rodajas de manzana por la masa, recubriéndolas de manera uniforme. Con cuidado, dórelas en la sartén, por tandas, 1 o 2 minutos por cada lado, o hasta que se doren ligeramente.

Retire los buñuelos con una espumadera, escúrralos sobre papel de cocina y páselos a una fuente caliente. Espolvoréelos con abundante azúcar glas.

Puede preparar buñuelos del mismo modo con otras frutas, como piña, melocotón o pera.

Crepes de chocolate

Para 4-6 personas
Preparación 5 min
Cocción 30 min

— aceite vegetal, para freír
— 1 ración de masa de crepes (véase pág. 229)
— 2 cdas. de leche
— 250 g de chocolate negro troceado
— 25 g de mantequilla
— nata espesa montada, para servir

Caliente 1 cucharadita de aceite en una sartén. Añada un cucharón de masa de crepes e incline la sartén para que cubra todo el fondo. Cuájela 1 minuto, o hasta que la parte inferior quede dorada. Dele la vuelta y cuájela otros 30 segundos o 1 minuto del mismo modo. Pásela a un plato. Repita la operación con el resto de la masa y apile las crepes, separadas con hojas de papel vegetal, en un plato. Resérvelas calientes.

Mientras, funda el chocolate con la leche y la mantequilla en un bol refractario colocado sobre una olla con agua hirviendo. Remueva hasta que la mezcla quede lisa y sin grumos.

Extienda la mezcla de chocolate sobre las crepes mientras estén calientes.

Dóblelas por la mitad formando una media luna y colóquelas en una fuente, ligeramente solapadas. Sírvalas con la nata montada.

Crêpes alla marmellata

Crepes de mermelada

Para 6 personas
Preparación 10 min
Cocción 30 min

— aceite vegetal, para freír
— 1 ración de masa de crepes (véase pág. 229)
— 150 g de mermelada de albaricoque
— la ralladura de 1 naranja
— 50 g de azúcar, y un poco más para espolvorear
— 50 ml de brandy

Caliente 1 cucharadita de aceite en una sartén. Añada un cucharón de masa de crepes e incline la sartén para que cubra todo el fondo. Cuájela 1 minuto, o hasta que la parte inferior quede dorada. Dele la vuelta y cuájela otros 30 segundos o 1 minuto del mismo modo. Pásela a un plato. Repita la operación con el resto de la masa y apile las crepes, separadas con hojas de papel vegetal, en un plato. Resérvelas calientes.

Ponga la mermelada de albaricoque con la ralladura de naranja, el azúcar y 150 ml de agua en un cazo y llévela a ebullición. Cuézala, sin dejar de remover, unos minutos hasta que espese, retírela del fuego y añada el brandy.

Unte un poco de la mermelada de albaricoque al brandy en cada crepe y dóblelas en cuartos Páselas a una fuente, esparza el azúcar y sírvalas templadas.

Biscotti alla cannella

Galletas de canela

Para 30
Preparación 20-25 min
Cocción 15 min + tiempo de enfriar

- 250 g de harina, y un poco más para espolvorear
- 1 cdta. de levadura en polvo
- ¼ de cdta. de sal
- 130 g de azúcar y 2 cdas. más para rebozar
- 1 cdta. de canela molida, más 1 cda. para rebozar y 1 cdta. para espolvorear (opcional)
- la ralladura de 1 limón
- 5 cdas. de aceite de oliva
- 3 huevos batidos

Precaliente el horno a 180 °C. Tamice la harina con la levadura en polvo y la sal en un bol. Incorpore el azúcar, la canela y la ralladura de limón. Haga un hueco en el centro y eche el aceite y los huevos. Mezcle todo hasta obtener una masa homogénea. Puede que necesite estrujar la masa con las manos.

Forre una bandeja de horno con papel vegetal. En un plato, mezcle la canela y el azúcar para rebozar. Forme bolitas con la masa, páselas por la mezcla de canela y azúcar, colóquelas en la bandeja y aplástelas ligeramente.

Hornee las galletas unos 15 minutos, o hasta que se doren por los bordes. Retire la bandeja del horno, deje que las galletas se enfríen un poco y páselas a una rejilla metálica para que se enfríen por completo.

Arregle los bordes con ayuda de un cortapastas y espolvoréelas con canela, si lo desea.

Torta al cioccolato e alle pere

Tarta de chocolate y peras

Para 8 personas
Preparación 20 min
Cocción 15 min + tiempo de enfriar

— 1 base de tarta precocinada
— 4 peras maduras
— 2 cdas. de azúcar extrafino
— 4 cdas. de Grand Marnier, u otro licor de naranja
— 130 g de chocolate negro troceado
— 50 g de mantequilla
— 100 ml de nata espesa
— 25 g de almendras blanqueadas picadas

Precaliente el horno a 160 °C. Esparza la mitad del azúcar de manera uniforme sobre la base de una fuente refractaria.

Pele las peras, retíreles el corazón, córtelas por la mitad, colóquelas en la fuente y rocíelas con el Grand Marnier y el resto del azúcar. Hornéelas 15 minutos.

Mientras, ponga el chocolate con la mantequilla y 1 cucharada de agua en un cazo y derrítalo a fuego lento de 5 a 8 minutos. Remueva, retírelo del fuego y déjelo enfriar 10 minutos.

Retire las peras del horno y dispóngalas encima de la base de tarta.

Monte la nata a punto de nieve e incorpórela a la mezcla de chocolate. Cubra las peras con el chocolate, esparza las almendras y sirva la tarta.

Tarta de mermelada

Para 4 personas
Preparación 15 min
Cocción 25-30 min

— 500 g de pastaflora comprada
— harina, para espolvorear
— 350 g de mermelada de picotas
— 1 huevo batido
— azúcar glas, para servir

Precaliente el horno a 190 °C. Extienda la masa sobre una superficie de trabajo enharinada hasta que tenga un grosor de ½ cm y forre con ella un molde de 16 x 23 cm. Recorte los bordes y resérvelos.

Rellene la base de la tarta con la mermelada de manera uniforme.

Extienda la masa de los bordes y córtela en tiras de 1 cm de grosor. Colóquelas encima de la tarta formando una cuadrícula, y péguelas a la masa con un poco del huevo batido.

Retuerza el resto de las tiras y forme con ellas un borde para la tarta, untándolas con un poco más de huevo batido para que se peguen.

Unte la masa de manera uniforme con el huevo batido y hornee la tarta de 25 a 30 minutos, hasta que se dore. Espolvoréela con azúcar glas y sírvala.

Frullato d’estate

Batido de verano

Para 4 personas
Preparación 10 min

— 600 ml de yogur natural
— 600 ml de hielo picado
— 50 g de azúcar extrafino
— el zumo de ½ limón colado
— 4 margaritas, u otras flores comestibles como capuchinas, pensamientos o pétalos de rosa, para decorar (opcional)

Ponga el yogur en una batidora, añada el hielo picado, el azúcar y el zumo de limón y tritúrelo a velocidad media hasta obtener una mezcla fina y homogénea.

Reparta al batido entre 4 vasos, decórelo con una margarita y sírvalo.

Frullato di fragole

Batido de fresa

Para 4 personas
Preparación 15 min + tiempo de remojo

— 2 cdas. de vinagre de vino blanco
— 400 g de fresas
— azúcar al gusto
— 750 ml de leche

Refrigere 4 vasos en el frigorífico. Ponga el vinagre en un bol con agua. Añada las fresas enteras y déjelas en remojo 10 minutos. Escúrralas bien y retíreles los pedúnculos. Introdúzcalas en una batidora y tritúrelas hasta obtener un puré.

Pruebe el puré y añada un poco de azúcar si fuera necesario. Vierta la leche poco a poco y bátalo de nuevo, brevemente, para que se mezcle. Vierta el batido en los vasos fríos y sírvalo.

Ricette base

Recetas básicas

Estas recetas, capaces de transformar los platos más sencillos en algo especial, son el arma secreta de todo cocinero. Cuando haya aprendido a hacer una salsa de tomate perfecta (véase pág. 32) o un pesto intenso y aromático (véase pág. 48), ambos deliciosos con un plato de pasta o una pizza, ya no volverá a comprar salsas preparadas. Se sorprenderá también al descubrir que añadiendo unas cuantas combinaciones inusuales a su repertorio, como los Fettuccine con salsa de nueces (véase pág. 58) o la Mantequilla de salvia (véase pág. 228), una simple receta de pollo o de chuletas de cerdo se convertirá en algo maravilloso. Cuando esté preparando mayonesa (véase pág. 226) para servir con unas gambas, o unas crepes (véase pág. 229) para desayunar, estas preparaciones básicas y ultrarrápidas harán que sus platos nunca más sean aburridos.

Maionese

Mayonesa

Para 250 ml
Preparación 20 min

- 1 huevo, y 1 yema de huevo
- ½ cdta. de mostaza seca
- 200 ml de aceite de girasol
- 2 cdas. de zumo de limón o vinagre de vino blanco
- sal y pimienta blanca molida

Ponga el huevo, la yema de huevo y la mostaza en un robot de cocina, salpimiente y añada 2 cucharadas del aceite y una gota del zumo de limón o vinagre. Triture todo unos segundos a máxima velocidad.

Vierta la mitad del aceite restante con el motor en marcha. Eche 1 cucharadita de zumo de limón o vinagre e incorpore el aceite restante.

Cuando los ingredientes estén bien mezclados, rectifique la sazón (tanto de sal y pimienta como de limón o vinagre), y bata. Para preparar una mayonesa más ligera y blanca, añada 1 cucharada de agua hervida bien caliente.

Se conservará en el frigorífico 1 semana. Sírvala con carnes hervidas o asadas, o verduras crudas o cocidas, o para adornar.

Besciamella

Bechamel

Para 450 ml
Preparación 10 min
Cocción 25 min

- 50 g de mantequilla
- 25 g de harina
- 475 ml de leche
- 1 pizca de nuez moscada recién rallada (opcional)
- sal y pimienta

En un cazo, funda la mantequilla a fuego medio. Retírela del fuego, eche la harina y remueva hasta obtener una pasta fina. Con una cuchara de madera, incorpore la leche poco a poco, asegurándose de que la salsa quede fina entre cada adición.

Devuelva al fuego y cueza a fuego medio, removiendo, hasta que rompa a hervir. Sale, baje el fuego, tape la cazuela y cueza a fuego lento, removiendo de vez en cuando, unos 20 minutos. La salsa debe quedar lo suficientemente espesa como para adherirse al dorso de una cuchara. Retire del fuego. Salpimiente y añada la nuez moscada, si utiliza.

La bechamel no debe saber a harina. Si está demasiado espesa, añada un poco más de leche. Si está demasiado líquida, cuézala un poco más. Para hacerla más consistente, sustituya la mitad de la leche por nata; para una versión más ligera, sustituya la mitad de la leche por agua.

Utilice en gratinados o lasañas.

Salsa di peperoni

Salsa de pimiento rojo

Para 300 ml
Cocción 15 min + tiempo de enfriar
Cocción 10 min

- 2 pimientos rojos grandes
- 2 cdas. de vinagre de vino blanco
- 2 dientes de ajo picados
- 3 cdas. de aceite de oliva
- sal

Escalde los pimientos en una olla de agua hirviendo con sal, 5 minutos, escúrralos y déjelos enfriar un poco. Pélelos, córtelos por la mitad y retire las semillas y las membranas. Trocéelos y tritúrelos en un robot de cocina hasta obtener un puré.

Vierta el vinagre en la misma olla, añada el ajo y caliéntelo unos minutos. Vierta el vinagre en el robot de cocina y agregue el aceite. Bata hasta obtener una salsa fina.

Sirva de inmediato con pescados al vapor o carne hervida.

Ragù

Ragú

Para 900 g
Preparación 15 min
Cocción 25 min

- 3 cdas. de aceite de oliva
- 1 zanahoria picada
- 1 cebolla picada
- 500 g de carne picada
- 150 ml de vino blanco seco
- 400 g de pasta de tomate en conserva
- sal y pimienta

Caliente el aceite en una cazuela, añada la zanahoria y la cebolla y rehogue a fuego lento, removiendo de vez en cuando, 5 minutos.

Eche la carne y dórela. Vierta el vino y cuézalo hasta que se evapore.

Sale, añada el tomate, tape la cazuela y cueza 15 minutos. Sazone con pimienta.

Sírvalo de inmediato con pasta o congélelo para otra ocasión.

Burro alla salvia

Mantequilla de salvia

Para 90 ml
Preparación 5 min
Cocción 10 min

— 100 g de mantequilla
— 15 hojas de salvia fresca
— sal

Funda la mantequilla en un cazo a fuego lento. Cuando empiece a tomar color, añada la salvia y sálela. Cuézala 8 minutos a fuego lento y retírela del fuego.

Sírvala de inmediato con pasta, carne o arroz hervido.

Pastella dolce per friggere

Masa de buñuelos

Para 400 ml
Preparación 15 min

— 150 g de harina
— 1 cdta. de levadura en polvo
— 2 cdas. de azúcar extrafino
— 250 ml de leche entera
— 1 huevo
— 1 cdta. de extracto de vainilla

Tamice la harina, la levadura y el azúcar en un bol. Bata la leche, el huevo y la vainilla en otro bol e incorpore la mezcla poco a poco a la harina, sin dejar de batir, hasta obtener una masa fina.

Utilícela para rebozar fruta.

Crêpes

Crepes

Para 12
Preparación 10 min
Cocción 20 min

— aceite vegetal, para freír

Para la masa de crepes
— 250 g de harina
— 2 huevos
— 600 ml de leche
— 50 g de mantequilla derretida

Para preparar la masa, tamice la harina en un bol. Bata los huevos y la leche en otro bol, incorpore la mezcla poco a poco a la harina, sin dejar de batir, y añada la mantequilla fundida. Congele la masa para usarla en otra ocasión o utilícela para preparar crepes.

Para hacer las crepes, caliente 1 cucharadita de aceite en una sartén. Añada un cucharón de la masa e incline la sartén para que cubra todo el fondo. Cuájela 1 minuto, o hasta que la parte inferior quede dorada. Dele la vuelta y cuájela otros 30 segundos o 1 minuto del mismo modo. Pásela a un plato. Repita la operación con la masa restante y apile las crepes, separadas con hojas de papel vegetal, en un plato. Resérvelas calientes.

Índice de tiempos de cocción

10 minutos

15 minutos

20 minutos

25 minutos

30 minutos

Índice

Q

R

S

Phaidon Press Limited
Regent's Wharf
All Saints Street
Londres N1 9PA

Phaidon Press Limited
65 Bleecker Street
Nueva York, NY 10012

phaidon.com

Primera edición en español 2016

ISBN 978 0 7148 7177 6

Rápidas y sencillas. Recetas italianas surge de: *Il cucchiaio d'argento*, publicado por primera vez en 1950, octava edición (revisada, expandida y rediseñada) 1997; *Il cucchiaio d'argento Cucina Regionale*, publicado por primera vez en 2008; *Il cucchiaio d'argento estate*, publicado por primera vez en 2005; *Primi piatti*, publicado por primera vez en 2004; *Secondi piatti*, publicado por primera vez en 2005; y *Antipasti e contorni*, publicado por primera vez en 2007. © Editoriale Domus S.p.A, a excepción de la receta de la pág. 219, la receta inferior de la pág. 228 y la de la pág. 229, de Katy Greenwood.

Directora editorial: Emilia Terragni
Editora de proyecto: Elizabeth Clinton
Producción: Adela Cory
Diseño de Atlas
Fotografías de Steven Joyce, Jason Lowe, Edward Park y Andy Sewell

Traducido del inglés por Luis de Manuel y Elena Aranaz para Cillero & de Motta

Impreso en Eslovenia

Los editores desean expresar su agradecimiento a Jane Bamforth, Theresa Bebbington, Vanessa Bird, Carmen Figini, Jan Fullwood, Katy Greenwood, Michelle Lo, Ellie Smith, Tara Stevens, Hans Stofregen, Gemma Wilson y Jade Zimmerman por su colaboración en este libro.

NOTAS SOBRE LAS RECETAS

La mantequilla siempre es sin sal.

Salvo que se indique otra cosa, las hierbas serán siempre frescas y el perejil de hoja plana.

La pimienta será siempre negra y recién molida, salvo que se indique otra cosa.

Los huevos, las verduras y las frutas serán de tamaño mediano, salvo que se indique otra cosa.

La leche siempre es entera, a no ser que se indique otra cosa.

Se entiende que los dientes de ajo son grandes; si los que tiene son pequeños, use dos.

Por «jamón» se entiende jamón cocido, salvo que se indique otra cosa.

Por «prosciutto» se entiende exclusivamente jamón curado, generalmente de Parma o San Daniele, en el norte de Italia.

Los tiempos de preparación y cocción son orientativos pudiendo variar en función del horno. Si utiliza un horno de convección, siga las indicaciones del fabricante.

Para comprobar si el aceite está suficientemente caliente, eche un dado de pan duro. Si se dora en 30 segundos, el aceite tendrá una temperatura entre 180 y 190 °C, más o menos adecuada para la mayoría de los fritos. Al freír, añada los alimentos poco a poco para que el aceite no salte, vista ropa de manga larga y no deje la sartén sola.

En algunas recetas se utilizan huevos crudos o poco hechos. Los niños, ancianos, mujeres embarazadas, enfermos o las personas con deficiencia del sistema inmunitario deberían evitar tomarlos.

Las cucharadas serán rasas.
1 cdta. = 5 ml;
1 cda. = 15 ml.